www.tredition.de

AF185139

Das Buch

Wenn ich nachts wachliege, jagen Gedanken durch meinen Kopf. Manche fange ich in Form von Geschichten ein.

Dann leidet ein Schutzengel unter Burnout und der Storch klingelt an der Tür. Und dieses Jahr wird alles anders.

Neun literarische Geschichten zu den besonderen Gefühlen, die uns in der Winter- und Weihnachtszeit überfallen: Fantasievoll, mit Humor, inspirierend, manchmal zum Nachdenken und garantiert nicht nur für die Weihnachtszeit.

Die Autorin

Angela Thormann wuchs in Norddeutschland auf. Seit mehreren Jahrzehnten lebt sie in Bayern. Bereits während des Anglistikstudiums faszinierten sie amerikanische und englische Kurzgeschichten. Sie liebt das Schreiben von Geschichten. Angela Thormann veranstaltet eigene Seminare. Menschen zu ermutigen, dem eigenen Weg zu folgen und an die Träume zu glauben, sind ihre Themen.

Mehr Informationen unter: www.angelathormann.de

Angela Thormann

Ein Schutzengel mit Burnout

Erzählungen:
✫ *Gefühle zur WinterWeihnachtsZeit* ✫

www.tredition.de

© 2017 Angela Thormann

Verlag und Druck: tredition GmbH, Halenreie 42, 22359 Hamburg

ISBN

Paperback:	978-3-7439-5960-6
Hardcover:	978-3-7439-5961-3
e-Book:	978-3-7439-5962-0

Inhalt

Für Alexandra

Gefühle sind der Wegweiser deines Lebens

✩ *Blackout im Schuhladen*

Draußen war es dunkel. Es regnete leicht. Der Wind fegte die Blätter der Bäume auf dem Gehweg vor sich her. Von Zeit zu Zeit erhob sich eins, tanzte und drehte sich im Rhythmus des Windes um die eigene Achse. Dann fiel es zu den anderen auf den Boden. Das Wetter machte keine Lust auf einen Spaziergang. Die kahlen Äste der Bäume erhoben sich wie ein Gerippe in den von Straßenlaternen erleuchteten Himmel.

›Was mache ich hier draußen? Warum genieße ich nicht die wohlige Wärme meiner Wohnung bei einer heißen Tasse Tee?‹

›Weil du zu faul warst deinen Kühlschrank aufzufüllen. Weil in drei Tagen deine beste Freundin heiratet. Weil du zwar ein tolles Kleid gefunden hast, jedoch die passenden Schuhe dazu fehlen‹, meldete sich meine innere Stimme.

›Pah! Dann nehme ich halt die schwarzen, die ich immer trage.‹

›Du weißt, die passen nicht zum Kleid. Dass du sie ständig trägst, sieht man ihnen inzwischen an. Außerdem bleibt dein Kühlschrank damit trotzdem leer. Lust auf den Pizza-Service?‹

Vom Pizza-Service hatte ich die Nase gestrichen voll. Den hatte ich in der letzten Zeit zu oft in Anspruch genommen. Die Speisekarte kannte ich inzwischen auswendig. Die Pizzas waren allesamt okay. Die Nudeln bei den entsprechenden Gerichten waren mir nicht ›al dente‹ genug. Die ›Lasagne al Forno‹ dagegen ging. Fleischgerichte empfand ich als zu teuer und

Fisch mochte ich nicht. Über die Lieferzeiten war ich genauestens im Bilde. Am schnellsten ging es, wenn Antonio kam. Bei Luigi wartete ich am längsten. Er liebte es, sich mit den Kunden zu unterhalten, vor allem mit den weiblichen. Ich zog mir den Schal fester um den Hals, schlug den Mantelkragen hoch und beschleunigte meine Schritte. Meine Laune war auf dem Nullpunkt.

›Es ist nicht mehr weit‹, redete ich mir einem Ertrinkenden gleich ein, der das rettende Ufer vor Augen hat. Von weitem sah ich die Lichter des Einkaufszentrums.

Drinnen war es taghell. Geblendet schloss ich für einen Augenblick die Augen. Es war so warm, dass ich meinen Schal lockerte und sogar den Mantel öffnete. Menschen schoben sich an mir vorbei, ohne auf mich zu achten. Genauso gut hätte ich ein im Weg stehender Einkaufswagen sein können. Sie hatten es eilig. Neuerdings schien es auf ›Eile‹ beim Kauf an der Kasse einen Rabatt zu geben. Nun, es war mir egal! Allerdings wollte ich ebenfalls möglichst schnell dem Hexenkessel entfliehen und heim in meine vertrauten vier Wände. Im Gegensatz zu anderen Frauen hasste ich nämlich Shoppingtouren. Shoppen bedeutete für mich reine Notwendigkeit. ›Hexenkessel‹ war das Stichwort. Im Eingangsbereich des Einkaufzentrums stachen mir zahlreiche, ausgehöhlte Kürbisse mit ihren Fratzengesichtern in die Augen, die von Kerzen erhellt wurden.

Von der Decke hingen Skelette. Kinder liefen als Monster oder Hexen verkleidet herum. In manchen Geschäften standen schwarz geschminkte Verkäuferinnen mit einem Hexenhut auf dem Kopf am Eingang. Das Outfit gereichte den wenigsten von ihnen zum Vorteil fand ich. Endlich dämmerte es mir: Halloween! Der Brauch, der ursprünglich aus Irland stammte und über die USA den Weg zu uns gefunden hatte.

›Wieder so etwas wie der Valentinstag, der den Geschäften das Geld in die Kasse spült‹, dachte ich. Ich beeilte mich, die Dinge zu kaufen, die meinen Kühlschrank wieder seiner ursprünglichen Funktion zuführten. Erstaunlicherweise sah ich Warteschlangen an den Kassen, obwohl mir auf dem Weg hierher niemand begegnete. Welcher Moloch mochte die Massen ausgespuckt haben? Den breiten Gang zu den einzelnen Geschäften flankierten brennende Kerzen. Sie steckten in Gefäßen, die mehr oder weniger an einen Kürbis erinnerten. Mit dem gleißenden Licht des Eingangsbereichs bildete sich ein Kontrast. Wie sollten da Halloween-Emotionen bei den Kunden aufkommen? Fehlanzeige - bei mir nicht!

Jetzt hatte ich alles beisammen - bis auf die Schuhe. Schuhe zu kaufen war für mich jedes Mal mit großer Anstrengung verbunden. Ich litt unter zwei verschieden großen Füßen, die um fast eine Nummer differierten. Im wahrsten Sinn des Wortes litt ich wirklich. Was hatte ich angestellt, als Petrus bei der Gestaltung meiner Person die Füße verteilte? Wahrscheinlich hielt ich ein Bein versteckt und bekam den Fuß zugewiesen, den er übrig behielt. Bereits als kleines Mädchen bedeutete der Schuhkauf für alle Personen meines Umfeldes eine Tortur. Meine Mutter rollte mit den Augen, wenn ich ihr zum x-ten Mal erklärte, dass ein Schuh am großen Zeh drückte. Die Verkäuferin stand mit einem eingefrorenen Lächeln im Gesicht daneben, während sich neben mir Schuhberge stapelten. Am einfachsten wäre es gewesen, in den verschiedenen Größen den jeweils passenden Schuh auszuwählen. Als Erwachsene stieß ich bei den Verkäuferinnen stets auf Verständnis, wenn sich um mich herum auf dem Fußboden die einzelnen Paare stapelten. Jedoch ging ihr Verständnis nie so weit, mir zu erlauben, von der einen Größe den einen Schuh zu kaufen und von der anderen den zweiten. Dabei war ich sicher, dass andere Frauen unter demselben Problem litten. Sofern ein Schuhgeschäft den Anfang machte, täte sich garantiert eine Marktlücke auf. Da die Geschäftswelt noch nicht so weit war, blieb mir die Entscheidung zwischen einem Paar Schuhe, bei dem ein Schuh drückte oder einem Paar, bei dem ich einen beim Gehen fast verlor. Das Kleid zur Hochzeit war ausgerechnet rot. Es bedeutete, ich suchte ein rotes Paar Schuhe. Das schränkte die Auswahl in meinen Augen drastisch ein. Einem Torero gleich straffte ich meine Körperhaltung und hob den Kopf. Auf in den Kampf - und stellte ich mich vor das Regal mit den roten Schuhen.

Nur mit den Augen sortierte ich einen Teil der Schuhe sofort aus. Eine Eigenheit, die ich bereits als Kind besaß und meine Mutter wahnsinnig machte. ›Wie kannst du wissen, dass sie nicht passen, ohne die Schuhe anzuprobieren?‹, war ihr Kommentar. Ich wusste es eben! Basta! Absätze von geschätzten 15 cm Höhe - toll, für andere Frauen! Dennoch stapelten sich in meinem rechten Arm eine Reihe Schuhe, von denen ich meinte, sie harmonierten mit dem Kleid. Am Anfang des Kaufvorgangs war ich ständig euphorisch. Das kannte ich bereits. Ich wandte mich an eine lächelnde Verkäuferin, die mich aus der Entfernung bereits beobachtet hatte. Noch kannte sie nicht die Herausforderung, die ihr mit meiner Person begegnete! Momentan ahnte sie, dass ich erst einmal schauen wollte und später auf sie zukommen würde. Freundlich machte ich ihr klar, dass ich für den Stapel in meinem rechten Arm den linken Partner suchte. Sie wiederum machte mich darauf aufmerksam, ich solle erst einmal jeweils den rechten probieren. Im Bedarfsfall brächte sie dann den Partner. Daraufhin erklärte ich ihr mein Größenproblem mit den Schuhen. Ihr Lächeln ging in ein Dauerlächeln über. Sofort erinnerte ich mich an den Verkaufsslogan ›Der Kunde ist König‹. Sie verschwand im hinteren Bereich des Geschäfts. Beladen mit einem hohen Stapel Kartons kehrte sie nach einiger Zeit zurück. Ihre Miene, mit der sie die Kartons um mich herum abstellte, verhieß nichts Gutes. Das Dauerlächeln war verschwunden, so dass die entsprechenden Gesichtsmuskeln entspannen konnten. Wahrscheinlich sah sie in mir - passend zu Halloween - eine Hexe, die ihr den nahen Feierabend verleidete. Dabei hatte ich im Gegensatz zu ihr keinen Hexenhut auf. Das fiel mir jedoch erst jetzt auf. Er schien ihr zu stehen, dachte ich schmunzelnd. Sonst hätte ich ihn gleich bemerkt.

»Nimm Dich in Acht! Hexen verfügen über besondere Kräfte«, raunte ich leise zu mir selbst.

An meinem Platz herrschte mit den zahlreichen Schuhschachteln das totale Chaos. Auf Anhieb wählte ich meine Lieblingsschuhe aus und zog sie an. Drei, vier andere Paare kamen ebenfalls in die engere Wahl. Dazu nahm ich sie aus dem Karton und stellte sie auf die Erde. Mit den neuen roten Schuhen wagte ich ein paar Schritte. Ein Spiegel fehlte. Da war er. Von vorne sahen die Schuhe gut aus. Erstaunlicherweise drückte keiner oder war zu groß. Ich drehte mich zur Seite, um einen seitlichen Blick zu erhaschen ... und … sah … nichts. Augenblicklich stand ich im Dunkeln. Das ehemals taghelle Einkaufszentrum war von einem Moment auf den anderen stockfinster. Das heißt, nicht ganz. An einigen Stellen flackerte ein Kerzenlicht.

›Das darf nicht wahr sein! In der heutigen, technisierten Welt ein totaler Stromausfall‹, ging es mir durch den Kopf.

Es gibt nichts Absurderes, als im Dunkeln vor einem Spiegel zu stehen. Zudem war unklar, wie lange der Stromausfall dauern würde. Normalerweise lag in meiner Handtasche eine kleine Taschenlampe. Die Tasche hing nicht wie sonst über meiner Schulter, sondern befand sich an dem Platz, an dem ich die Schuhe ausgezogen hatte. Wer nimmt die Handtasche mit, wenn er einen Blick in den Spiegel werfen will? Ich gehöre nicht dazu! Zum Platz war es nicht weit; ohne richtungsweisendes Licht jedoch ein schwieriges Unterfangen. Dazu kam meine allgemeine Orientierungslosigkeit im Gelände, die schon bei Licht stark ausgeprägt war. Bei Autofahrten änderte selbst der Einsatz meines Navis daran nichts. Wenn ich zu einer Verabredung zu spät kam, wurde ich von den Freunden geneckt. »Na, hast du dich wieder einmal trotz Navi verfahren?« Sie machten sich häufig darüber lustig, wie mir das mit neuester Technik passieren konnte. Wahrscheinlich wurden sie von ihrem Navi nie mitten in der Botanik mit den Worten ›Sie haben Ihr Ziel erreicht‹ ausgesetzt. Daher war meine Antwort stets: »Ich habe mich nicht verfahren, sondern ich lerne meine Umgebung besser kennen.« Mutig schritt ich also mit den neuen roten Schuhen in die Richtung, in der ich meinen Platz vermutete. Leider litt ich dieses Mal weniger unter meiner bekannten Orientierungslosigkeit als vielmehr unter allgemeiner Vergesslichkeit. Ich vergaß das Schuhchaos auf dem Fußboden, das mir erst einfiel, als ich auf etwas trat, was mir den Boden unter den Füßen wegriss. Im Fallen schob ich die Arme weit nach vorne und versuchte automatisch, mich mit den Händen irgendwo festzuhalten. Irgendetwas bekam ich zu Greifen. Dem vermeintlichen Gegenstand entfuhr ein Schmerzensschrei, als unsere

Köpfe zusammenstießen. Unsanft landeten wir beide auf dem Boden.

»T`schuldigung«, murmelte ich in die Richtung, in der ich mein Gegenüber vermutete. »Ich habe Sie wirklich nicht gesehen.«

»Auch ich Sie nicht. Ist schon gut. Es ist nichts passiert. Ich habe mich mehr erschrocken als alles andere.«

Weiter suchte ich nach meiner Handtasche und fand sie endlich. Ungeduldig wühlte ich in ihr nach der Taschenlampe. Ausgerechnet heute, wo ich sie dringend gebraucht hätte, war sie unauffindbar. Dann eben nicht! Die Situation war komisch. Ich hockte auf der Erde und erhielt dadurch die Gelegenheit, die flackernden Kürbisgesichter im Eingangsbereich zu beobachten. Neutral betrachtet, ohne das gleißende Licht, wirkte alles anheimelnder. Die Hektik der Menschen war einer Ruhe gewichen. Wie konnte es anders sein, wenn alle im Dunkeln tappten? Nach einer gefühlt endlosen Zeit kehrte die Helligkeit zurück. Ich blinzelte mein Gegenüber an. Als ich die Verkäuferin erkannte, die mir die Schuhe gebracht hatte, konnte ich mir ein Lächeln nicht verkneifen.

›Hexen haben eben doch besondere Kräfte. Sie sind sogar in der Lage, ein komplettes Einkaufszentrum in Dunkelheit zu tauchen.‹

Als ich das Einkaufszentrum verließ, atmete ich die kühle Luft tief ein. Ich erfreute mich an der Kraft des Windes, die die Blätter tanzen ließ. Über den Rand der Einkaufstüte blickte ein gelbes Fratzengesicht.

✪ *Ein Engel auf Reisen*

Dieses Erlebnis würde sich in mein Gedächtnis einbrennen, an das ich mich noch als Großmutter mit dem Enkel auf den Schoß erinnerte.

›Weißt du, damals, als deine Mom /dein Papa klein waren ... ‹ würde ich die Geschichte beginnen. Und er würde mir gespannt zuhören, denn er liebte Geschichten. Vielleicht schreibt er später sogar eigene - wie seine Großmutter.

Wir sind eine vierköpfige Familie. Der wichtigste Kopf ist Simon. Dann gibt es noch Charlotte, Maximilian und mich. Ginge es nach Dickköpfigkeit, sähe die Reihenfolge anders aus. An erster Stelle stünde Charlotte und das Schlusslicht bildete Simon. Unsere Tochter kann unvorstellbar dickköpfig sein, eine Herausforderung für die gesamte Familie. Ich vergaß zu erwähnen: Charlotte ist dreizehn Jahre alt und ihr Bruder zwölf! Wenn ich an manchen Tagen an meine Grenzen stoße, habe ich von mir die Vision einer kinderlosen Frau. Das wäre ... nicht die Realität! Freunde mit älteren Kindern erzählten mir, die Phase machten alle Eltern durch. Die Zeit ginge vorüber. Allerdings ließen sie offen, ob das, was danach kommt besser sei oder eben nur ›anders‹. Die unvergessliche Geschichte begann mit einem Tag, an dem im Stockwerk über mir absolute Stille herrschte. Dabei wusste ich, ich war nicht allein! Die Fahrräder

der Kids lehnten an der Hauswand. Wozu hatten wir einen Fahrradständer vor dem Eingang? Charlotte und Maximilian gingen nicht mehr Schritte zu Fuß als unbedingt nötig. In der Realität bedeutete das vom Haus bis zum Auto der Eltern. Wenn die ihren Taxidienst nicht zur Verfügung stellten, fuhren sie notgedrungen mit dem Fahrrad. Bereits in ihrem Kleinkindalter machte es mich nervös, wenn sie nicht zu hören waren. Mein Albtraum war, dass sie einander erschlagen hätten, ohne dass ich es mitbekommen hätte. Ich war entsetzt, wieso sie oft wutentbrannt auf einander einschlugen. Dabei ging es im Streit lediglich um Nichtigkeiten. Insgeheim fragte ich mich, was ich, beziehungsweise wir, bei der Erziehung falsch gemacht hatten, da sie sich scheinbar zu Monstern entwickelten. Eine Freundin, der ich mich in meiner Not anvertraute, gestand mir, dass es bei ihren Kindern nicht anders sei. Sie meinte, es sei wichtig, dass Kinder Streitkultur lernten. Wirklich beruhigt hat mich die Aussage nicht. Im Laufe der Jahre fiel mir auf, dass es Zeiten gab, in denen sie viel stritten und Zeiten, in denen eine Art Gefechtspause herrschte. Ich schlich mich die Treppe in den ersten Stock hinauf. Dabei dachte ich wohlweislich daran, die dritte Stufe von unten auszulassen, denn sie knarrte. Gerade legte ich mein Ohr an Charlottes Zimmertür, als die Tür sich öffnete.

»Mom, was machst du hier oben? Ich dachte, du bist in der Küche.«

Ich fühlte mich ertappt. Geistesgegenwärtig wischte ich mit dem Staubtuch in meiner Hand am Türrahmen entlang.

»Ich wollte hier oben nur die Türen sauber machen. Das habe ich länger nicht gemacht.«

Hoffentlich rotierte nicht meine Nasenspitze. Als die Kinder klein waren, haben wir ihnen erzählt, wenn jemand lügt, dreht sich bei demjenigen die Nasenspitze.

»Das brauchst du heute wirklich nicht zu tun. Ist doch alles sauber.«

Sie ging an mir vorbei ins Bad. Ich spähte durch die halboffene Tür in ihr Zimmer. Auf dem Doppelbett hatte der Blitz eingeschlagen. Kleidungsstücke lagen auf ihm verteilt. Ich bezweifelte, ob sich noch irgendein Stück in ihrem Kleiderschrank befand.

»Lässt du mich bitte weitermachen?«

Charlotte kam mit ihrer Kosmetik beladen aus dem Bad und zwängte sich an mir vorbei ins Zimmer. Wie konnte eine 13-Jährige mit ihrer natürlichen Schönheit so viel Kosmetik brauchen?

»Natürlich! Entschuldige!«

Überrascht aufgrund des ungewohnt sanften Tonfalls trat ich einen Schritt zurück. Dann klopfte ich an Maximilians Tür.

»Bleib` bloß draußen«, knurrte es von drinnen.

»Hier ist Mom.«

»Komm` rein«, erklang es freundlicher, wenn auch nicht begeistert.

»Alles okay?«

»Klar doch!«

Seine Finger flitzten im Eiltempo über das Eingabefeld des Smartphones. Insgeheim bewunderte ich die Schnelligkeit. Meine Finger erwischten oft zwei Buchstaben auf einmal, was die Geschwindigkeit aufgrund der notwendigen Korrektur in den Minusbereich zurückfallen ließ.

»Dann gehe ich wieder.«

Er schaute nicht auf. »Okay!«

Mir fiel auf, dass sich die Kommunikation mit Halbwüchsigen auf ein Minimum beschränkte. Ähnlich wie damals, als sie sprechen lernten. Oder war es nur mit der eigenen Mutter so? Vielleicht sollte ich mit ihnen simsen? Die gesamte Familie hatte beschlossen, dieses Jahr Weihnachten in Florida zu feiern. Die gesamte Familie bedeutete in dem Fall: Alle, bis auf mich. Mit dem Ergebnis von drei zu einer Stimme hatte ich verloren.

»Weihnachten unter dem Tannenbaum mit Kerzen und so ist total uncool,« meinte Charlotte.

»Wir sind doch keine Babys mehr!«, pflichtete ihr Bruder ihr ausnahmsweise bei.

»Weihnachten unter Palmen ist bestimmt witzig,« lachte Simon. »Dann brauchst du an den Feiertagen nichts vorzubereiten und setzt dich an den gedeckten Tisch. Außerdem entgehst du der Nörgelei von Onkel Paul. Zudem brauchen deine Eltern nicht anzureisen und meine Mutter beobachtet nicht jeden deiner Schritte mit Argusaugen.«

Er hatte Recht. Zudem wollte er mir unsere Reise unbedingt schmackhaft machen. Ich wusste nicht, warum die gesamte Verwandtschaft sich jedes Jahr ausgerechnet bei uns einfand. Meine Schwester wäre längst an der Reihe gewesen.

»Weißt du, ich bin das ganze Jahr in meinem Job total eingespannt. Da brauche ich wenigstens an den Feiertagen Entspannung. Zudem bereitest du alles so perfekt vor, wie ich das niemals könnte«, war ihr Kommentar.

»Und Peter, unser Bruder?«, wagte ich zu fragen.

»Zum einen kannst du das von einem Mann nicht erwarten und zum anderen ist er Single!«

›Ein Hoch auf die alten Vorurteile‹, dachte ich im Stillen.

»Wie wäre es mit meiner Schwiegermutter? Die weiß sowieso alles besser.«

»Das kannst du nicht von ihr verlangen. Gerade zurzeit nicht, wo ihr Mann gestorben ist!«

Ich gab mich geschlagen und fing an, mich auf Weihnachten ohne Verwandtschaft zu freuen. Was mir jedoch eindeutig fehlen würde, war der Tannenbaum. Den Geruch der frischen Nadeln im Wohnzimmer liebte ich. Unser Flug ging morgen. Aus dem Grund war es für mich ebenfalls höchste Zeit, den Koffer zu packen. Simons gepackter Koffer stand bereits im Schlafzimmer. Kofferpacken ging er strategisch ein paar Tage früher an. Das war wichtig für ihn, denn aus Versehen könnte der gebuchte Flug ein paar Tage früher gehen.

»Maximilian, packe bitte deinen Koffer«, rief ich in seine Zimmerrichtung.

»Muss das sein?«

»Ja!«

Aus unseren zahlreichen Koffern wählte ich für mich einen größeren - sicherheitshalber, wie ich mir einredete. Bald lag auf meinem Bett ebenfalls alles Mögliche herum. Außer Kleidungsstücken viele nützliche Dinge: Zum Beispiel Sonnenmilch, After Sun Balsam, Mückenspray, Pflaster und anderes, das meine Familie garantiert nicht einpacken würde.

»Mom, wo ist mein schwarzes T-Shirt mit der Rose?«, schrie es aus dem oberen Stockwerk.

»Wahrscheinlich in der Wäsche.«

»Warum hast du es nicht mitgewaschen?« Inzwischen stand meine Tochter am Treppenabsatz.

»Weil du es an dem Tag anhattest.«

»Das muss unbedingt mit. Sonst habe ich nichts zum Anziehen!«

Bei ihrem gut gefüllten Kleiderschrank hielt ich die Aussage für übertrieben. In meinem Innern verstand ich sie. Sie fühlte, wie eine Frau eben fühlt.

»Dann musst du es selbst waschen. Ich wasche heute nicht mehr!«

Im Umdrehen hörte ich sie leise fluchen.

Als ich mit dem Kofferpacken fertig war, war ich überrascht, wie voll er geworden war. In die Mitte hatte ich unseren Weihnachtsengel gepackt, der bei jedem Weihnachtsfest anstelle einer Spitze oben auf dem Tannenbaum thronte. Mit Luftpolsterfolie umhüllt und vorsichtig in ein kleines Handtuch gewickelt, damit er den Flug unbeschadet überstand. Darüber hinaus sollte Simon ihn nicht auf Anhieb sehen. Ohne den Engel gab es für mich kein richtiges Weihnachtsfest! Und ein Weihnachtsfest unter Palmen war für mich immer noch schwer vorstellbar.

Es klopfte an der Tür und Maximilian schob sich langsam herein. Irgendetwas hielt er hinter seinem Rücken verborgen. Das sah ich sofort.

»Mo-om?«

Den Tonfall kannte ich. ›Achtung, pass auf!‹, sagte ich zu mir selbst.

»Hm, was ist denn?«

»Kannst du den Schmusetiger bitte in deinen Koffer packen?« Bei den Worten holte er ihn hinter seinem Rücken hervor.

»Aber packe in so ein, dass Paps ihn nicht gleich sieht.«

Innerlich schmunzelte ich. Mein cooler Sohn . . . Sein Schmusetiger begleitete ihn seit seinem ersten Geburtstag überall hin.

»Ist dein Koffer voll?«, fragte ich scheinheilig.

»Nein, aber ich will nicht, dass Charlotte ihn sieht.«

Am nächsten Morgen auf dem Weg zum Flughafen war ich

aufgeregter als der Rest der Familie. Im Auto kontrollierte ich in meiner Handtasche, ob die Buchungsunterlagen und Pässe vollzählig waren.

»Mom, das hast du heute schon mindestens drei Mal gemacht!«, vernahm ich genervt Charlottes Stimme. »Die Tickets werden nicht aus deiner Tasche springen. Und von hopsenden Pässen habe ich ebenfalls nichts gehört.«

Ich kannte die Unruhe bereits von anderen Urlauben. Die Nervosität hielt in der Regel so lange an, bis ich mich nach der Ankunft im Hotelzimmer mit einem Seufzer der Erleichterung auf das Bett warf. Nach dem Einchecken begaben wir uns in die Abflughalle vor unser Gate und setzten uns. Früher mussten wir die Kinder in der Wartezeit bespaßen, damit sie nicht quengelten. Heute erhoben sie sich nach kurzer Zeit und verkündeten gemeinsam:

»Wir schauen uns ein bisschen um!«

»Aber in dreißig Minuten seid ihr wieder da!«

»Ja«, kam es im Duett zurück.

Die dreißig Minuten waren um. Inzwischen war unser Flieger zum ersten Mal aufgerufen worden. Wer nicht da war, waren unsere Kids! Im Auto hatte ich nicht gedacht, dass ich noch nervöser werden könnte. Inzwischen hatte ich den Beweis: Es war möglich!

»Und wenn sie nicht rechtzeitig wiederkommen?«, wandte ich mich an Simon. Er schien die Ruhe in Person zu sein.

»Dann fliegen wir allein und genießen den ersten Urlaub zu zweit nach langer Zeit!«

Ich wollte gerade explodieren, als ich in sein Gesicht schaute. Nur mit Mühe unterdrückte er ein Lachen. Mit dem zweiten Aufruf unserer Maschine entdeckte ich Charlotte und Maximilian in unsere Richtung schlendern. Abgesehen von der Hektik davor verlief der Flug ruhig. Wie immer fiel ich im Hotelzimmer erst einmal vor Erleichterung auf das Bett. Nach kurzem Anklopfen stürmten unsere beiden in Badesachen in unser Zimmer.

»Moment, ihr zwei! Habt ihr euch eingecremt? Die Sonne ist in Florida stärker als bei uns. Außerdem gibt es gleich Essen. Nach dem Essen müsst ihr ...« Meine Güte, war das wirklich ich, die da sprach? Ich hörte mich an wie meine Mutter! Abgesehen von den Anfangsschwierigkeiten war Florida toll. Ich kramte meine Englischkenntnisse aus der Schulzeit hervor und war stolz, mich verständigen zu können. Für die Kinder war es die beste Gelegenheit, ihre Fähigkeiten in Englisch auszubauen. Nur Simon war ein alter Hase. Beruflich hatte er so oft mit Amerikanern zu tun, dass er mühelos von einer Sprache in die andere wechselte. Ich genoss den Sandstrand, das blaue Meer, die Wärme, das Essen, ohne selbst kochen zu müssen und vieles mehr. Am Tag vor Heiligabend wurde ich zunehmend stiller. Weihnachten in der Wärme unter Palmen war unvorstellbar! Die anderen Urlauber schienen damit kein Problem zu haben. Beim Mittagessen fragte ich eine Familie mit ungefähr gleichaltrigen Kindern:

»Was machen Sie morgen?« Fragend blickten sie mich an.

»Ich meine, wie feiern Sie morgen Heiligabend?«, führte ich weiter aus.

»Gar nicht! Wir sind extra hierher gereist, um dem Weihnachtstrubel zu entkommen. Das Fest ist doch nur noch Kommerz.«

Die Antwort ließ mir keine Ruhe. Daher probierte ich es am Abend bei einer Familie mit kleinen Kindern von neuem.

»Ich werde am Pool liegen und an meine Schwester denken. Dieses Mal fällt nämlich die gesamte Familie bei ihr wie ein Vogelschwarm ein«, erhielt ich von der Frau mit einem Lächeln auf den Lippen zur Antwort.

Am nächsten Tag beobachtete ich tagsüber meine Familie, ob sie sich irgendwie zum Heiligabend äußern würde. Nichts! Gegen Abend wurde ich unruhig. Die feierliche Stimmung unter dem Tannenbaum fehlte mir. Zuhause wäre Heiligabend aufgrund der Zeitverschiebung bereits vorüber. Nach dem Abendessen saßen wir alle in unserem Zimmer zusammen. Da hielt ich es nicht mehr aus! Es musste sein! Ich ging zu meinem Koffer und wühlte mich mit einer Hand in die Mitte vor. Dabei fiel der Schmusetiger heraus. Hastig wollte ich ihn wieder in den Koffer zurücklegen, als Maximilian ihn mit den Worten aufhob:

»Da bist du ja endlich!«

Inzwischen hatte ich gefunden, wonach ich gesucht hatte. Vorsichtig wickelte ich das Paket aus und stellte unseren Weihnachtsengel von daheim auf den kleinen Tisch. Die Kinder blickten sich an. Simon stand auf und suchte ebenfalls etwas in seinem Koffer. Triumphierend kehrte er mit einem Gegenstand zurück, der sich auf dem Weg zum Tisch zu einem künstlichen Tannenbaum entfaltete. Nie hätte ich den zuhause akzeptiert, doch hier in der Fremde . . .

Schnell setzte ich den Engel oben auf die Spitze. Die Verwunderung war den Kids anzusehen.

»Habt ihr Geschenke?«, vernahm ich Charlottes Stimme.

Simon schaute mich an. Ich schaute ihn an. Beide schüttelten wir den Kopf.

»Das lässt sich ändern. Wir könnten shoppen gehen«, meinte meine bessere Hälfte. Für den Geistesblitz erhielt er von mir einen Kuss. Charlotte fiel ihm sogar um den Hals und unser Junior meinte: »Cool, Paps!«

Der Rückflug verlief ohne besondere Vorkommnisse. Zuhause stellten wir alle im Flur die Koffer ab. Die Kids stürmten in ihre Zimmer. Kurz darauf hörte ich sie streiten. Willkommen daheim! In Gedanken saß ich mit meinem Enkelkind auf dem Schoß da und erzählte ihm eine Geschichte. »Weißt du«, begann ich.

✰ *Wenn der Storch drei Mal klingelt*

Draußen herrschte ein Wetter, an dem selbst Sam den täglichen Spaziergang ablehnte. Neblig, kalt und um 17 Uhr am Nachmittag bereits stockfinster. Ich gebe zu, die Jahreszeit war nicht die meine. Sie ließ mich sehnsuchtsvoll auf den Frühling warten. Einzig und allein das nahende Weihnachtsfest stimmte mich einen Tick versöhnlicher. Sam lag vor dem Kamin, die Schnauze ruhte auf den Vorderpfoten. Der kleine Kerl mit dem langen Fell kannte die besten Plätze im Haus. Mein Blick glitt weiter zum Tisch, von dort zum Sessel, auf dem eine aufgeschlagene Zeitung nicht mehr als dunkle Haare, eine blaue Jeans und braune Hausschuhe erkennen ließ. Der Herr des Hauses bei seiner Lieblingsbeschäftigung: Charles, mein Ehemann! Seitdem unsere Kinder aus dem Haus waren, hatten wir Zeit für derartige Mußestunden und genossen sie.

Ich ging in die Küche, um uns einen Tee zu machen. Eine Tasse Tee oder zwei waren bei mir das Allheilmittel gegen dunkle Wintertage. Sam erhob sich und folgte mir. An der Tür klingelte es drei Mal: Langgezogen, als ob jemand seine Finger nicht mehr von der Türklingel bekäme. Sofort bellte Sam los. Wenn er beim Bellen richtig loslegt, wackelt das Haus. Dann lief er zur Haustür, wedelte mit dem Schwanz, kratzte an der Tür . . . Mit anderen Worten: Er machte einen hundigen Affenaufstand! Normalerweise war er die Ruhe in Person, sorry, in

Tier natürlich.

»Sam! Aus!«, rief ich.

Doch Sam ignorierte mich. Um den Lärm möglichst schnell abzustellen, öffnete ich die Tür. Meine bessere Hälfte hatte nämlich trotz des Krachs die Zeitung nicht aus der Hand gelegt. Niemand stand davor. Als ich sie schließen wollte, fiel mein Blick auf die Fußmatte. Ich konnte nicht glauben, was ich dort sah! Sam umrundete einen kleinen Weidenkorb. Inzwischen hatte er aufgehört zu bellen. Nur sein Schwanz bewegte sich wie das Pendel einer Uhr. Ich beugte mich über den Korb und entdeckte ein winziges Gesicht, das aus einer rosafarbenen Decke herauslugte. Die blauen Augen waren einen Augenblick auf mich gerichtet. Kurz umspielte ein Lächeln den Mund. Vorsichtig verscheuchte ich Sam, der genauso aufgeregt war wie ich. Ich schaute die Straße hinunter nach links und nach rechts. Dabei blickte ich auf die Hauseingänge der Nachbarn. Nichts! Niemand zu sehen! Gegenüber von uns, auf dem Dach des Nachbarhauses, saß ein großer Vogel. Das gab es nicht! Nicht hier! Nicht um diese Jahreszeit! Obwohl ich in der Natur noch nie einen gesehen hatte, hätte ich schwören können: Dort oben auf dem Dachfirst saß ein Storch und blickte zu unserem Haus! Schnell ergriff ich den Korb und schloss die Tür. Irgendetwas schien heute nicht mit rechten Dingen zuzugehen. Oder ich erwachte gleich und stellte fest, dass alles ein Traum war. Doch dafür fühlte sich das Gewicht in meiner rechten Hand zu

real an. Behutsam stellte ich den Korb auf den Wohnzimmer-
tisch.

Charles` Augen blickten für einen Augenblick hinter der Zei-
tung hervor.

»Prima. Warst du einkaufen? Ich könnte ein zweites Frühstück
gebrauchen.«

»Hast du nicht gehört, dass es geklingelt hat?

»Nein.«

Das war typisch für ihn! Beim Lesen seiner geliebten Zeitung
blendete er alles um sich herum aus.

»Ich kann mir zwar vorstellen, dass du wieder Hunger hast.
Das ist nichts Neues bei dir. Einkaufen war ich jedoch nicht!»

Charles faltete die Zeitung zusammen. Dabei schob er sich die
Lesebrille nach oben in die Haare.

»Was ist das?«

Er blickte mich an, als ob ich unser Auto im Wohnzimmer
geparkt hätte! Die rosafarbene Decke hatte sich leicht bewegt.

»Wenn das ein Trick ist, mich hinter der Zeitung hervorzulo-
cken, ist er dir gelungen!«

Ich beugte mich über das Weidenkörbchen und nahm das
kleine Bündel heraus.

»Ein Baby.«

»Ein Baby, ja. Das sehe ich. Wo hast du das her?«

»Gefunden.«

»Gefunden! Man findet nicht einfach ein Baby! Einen einzelnen Handschuh vielleicht oder möglicherweise einen Regenschirm. Aber ganz bestimmt kein Baby! Warst du schwanger?«

»Also, ich bitte dich, Charles. Sei nicht albern. Das hättest du doch bemerkt.«

»Man liest immer wieder, dass Frauen ihre Schwangerschaft kaschieren und es dem Umfeld nicht auffällt.«

»Überlege, wie das in der Vergangenheit war. Hättest du die Schwangerschaften mit Mark und Emily nicht mitbekommen?«

»Nun, ich erinnere mich an . . .«

Mit einem breiten Grinsen brach er den Satz ab.

»Jetzt einmal ehrlich. Wie kommst du zu dem Baby?«

»Ich habe den Korb mit dem Baby wirklich vor unserer Haustür auf der Fußmatte gefunden. Ist dir nicht aufgefallen, wie Sam sich vorhin aufgeführt hat?«

»Ich habe nicht darauf geachtet. Warum gerade vor unserer Haustür?«

Während er das sagte, fuhr er mit seinem Zeigefinger leicht über die geballte Faust des Babys.

»Das habe ich mich auch gefragt.«

Mir war Charles` Wirkung auf Frauen durchaus bekannt. Bislang hatte ich die Flirts als harmlos abgetan.

»Kann es sein, dass du der Vater bist? Die Frauen lieben dich. Das ist mir schon aufgefallen.«

»Bin ich nicht! Natürlich flirte ich gern mal hin und wieder. Welcher Mann tut das nicht? Mehr allerdings nicht.«

Er war echt empört.

»Du hast mir eben unterstellt, dass ich möglicherweise unbemerkt schwanger gewesen sein könnte.»

»Okay. Tut mir leid!«

Warum stand der Korb gerade vor unserer Tür? Wir waren weder arm noch reich. Im Haus gegenüber, wo ich glaubte, den Storch gesehen zu haben, stand ein Porsche in der Garage. Sein Besitzer fuhr einen Lamborghini. Mir waren die beiden Bewohner des Hauses bei unseren wenigen Begegnungen zwar nicht sympathisch, jedoch augenscheinlich besaßen sie Geld.

»Und was machen wir nun?«

Ich hob das Baby auf meinem Arm näher zu mir heran. Ein Gefühl wie damals, als Mark und Emily klein waren.

»Ich weiß es nicht.«

»Was ist es eigentlich? Ein Junge oder ein Mädchen?«

»Ein Mädchen natürlich!«

»Woher weißt du das?«

»Alles ist rosa. Die Decke, der Strampler, das Mützchen.«

»Ich wusste nicht, dass die Farbe der Kleidung das Unterscheidungsmerkmal für die Geschlechter ist.«

Er blickte auf seinen roten Pullover.

»Wir könnten nachsehen.«

»Lieber nicht. Sie schläft gerade.«

»Hast du nachgeschaut, ob etwas im Korb liegt? Ein Zettel oder irgendein Hinweis auf die Identität?«

Ich schüttelte den Kopf. Sollte ich ihm erzählen, dass ich einen Storch auf dem Dach des Nachbarhauses bemerkt hatte, als ich das Körbchen fand?

»Ich habe einen Storch auf dem Dach des Nachbarhauses gesehen, als ich das Körbchen fand. Er schaute zu unserem Eingang herüber.«

Der Blick, der mich von der Seite traf, sagte alles.

»Linda, das bildest du dir ein. Bei uns gibt es keine Störche und um diese Jahreszeit schon dreimal nicht. Sicher verwechselt du den Storch mit einer Elster.«

»Bestimmt nicht! Ich weiß, wie eine Elster aussieht. Es war ein Storch!«

Genauso gut hätte ich sagen können, es sei ein Raumschiff gewesen. Nach dem Blick von der Seite glaubte er mir nichts mehr. Er untersuchte den Weidenkorb. Nahm das Kopfkissen, die Decke und sogar die kleine Matratze heraus. Unter ihr lagen zwei Windeln. Sonst entdeckten wir nichts. Keinen Zettel, nicht den geringsten Hinweis!

»Wir müssen mit ihr zur Polizei. Vielleicht wird sie bereits vermisst. Sonst werden wir womöglich der Kindesentführung bezichtigt. Aber, dass du einen Storch gesehen hast, sagen wir besser nicht.«

»Von mir aus.«

Mit Genugtuung hatte ich registriert, dass Charles das Baby ›sie‹ nannte. Also glaubte er ebenfalls, dass es ein Mädchen war. Inzwischen hatte ich die Kleine in ihrer Decke auf die Wohnzimmercouch gelegt und ihr das Mützchen ausgezogen. Es kamen dunkle, gelockte Haare zum Vorschein, wie sie Emily bei ihrer Geburt hatte.

»Dann lass` uns zur Polizei fahren.«

Vorsichtig trug er das Körbchen zum Auto und stellte es auf den Rücksitz.

»Am besten setzt du dich mit nach hinten.«

Ich folgte seinem Vorschlag. Nicht lange danach waren wir bei der Polizeiwache angekommen. Wieder trug er die Kleine.

»Sie wollen mir allen Ernstes weißmachen, dass jemand das Baby auf ihrer Fußmatte im Körbchen abgelegt hat?«

Inspektor Clark zog die Augenbrauen hoch.

»Ja, ich habe sie im Körbchen vor unserer Haustür gefunden.«

Die Sache mit dem Storch verschwieg ich.

»Es ist also ein Mädchen?«

»Ich gehe davon aus. Alles ist rosa. Aber sicher bin ich nicht. Nachgeschaut habe ich nicht, wenn Sie das meinen.«

»Dann tun Sie das bitte. Ich kann keine Vermisstenmeldung rausgeben, wenn ich nicht sicher das Geschlecht weiß.«

Unter Beobachtung aller Anwesenden zog ich ihr die Kleidungsstücke aus. Wie ich es mir gedacht hatte, handelte es sich wirklich um ein Mädchen. Ich machte ihr eine von den beiden beiliegenden Windeln um und zog sie wieder an.

Der Inspektor drehte sich um. Er rief in ein Zimmer, dessen

Tür offen stand:

»Michael, hör` dich um, ob irgendwo ein kleines Mädchen vermisst wird. Ein Baby!,« fügte er hinzu.

»Sofort, Sir!«

Nach ein paar Minuten kam der Beamte zurück.

»Niemand vermisst ein kleines Mädchen, Sir.«

»Okay, dann müssen wir das Jugendamt einschalten. Die sind dafür zuständig.«

Er ging hinaus, um zu telefonieren. Das Wort ›Jugendamt‹ versetzte mir einen Stich ins Herz.

Einige Zeit später betraten zwei Frauen die Polizeistation. Inspektor Clark ging sofort auf die größere der beiden zu.

»Ich grüße Sie, Frau Mellows.«

»Ich Sie ebenfalls, Inspektor. Ich habe Frau Dr. Correll mitgebracht, die Kinderärztin, die für uns zuständig ist. Sie wird sich die Kleine einmal genauer ansehen.«

Die Kinderärztin nahm mir die Kleine ab. Zur Untersuchung legte sie sie auf den Schreibtisch des Inspektors.

»Äh . . . , machte der.«

Nach einer Weile wandte sich die Ärztin an ihn:

»Sie ist gesund und kräftig.«

»Wie alt ist sie ungefähr?,« hörte ich mich fragen.

»Nicht alt. Einen Tag vielleicht.«

»Gut. Wir kümmern uns jetzt darum, die Mutter zu finden. Es wird nicht leicht werden. Bis es soweit ist, wird sich das Jugendamt um die Kleine kümmern, nicht wahr, Frau Mellows?«

Die Angesprochene blickte scheinbar angestrengt auf das Muster des Parkettbodens, bevor sie den Blick zum Inspektor hob.

»Ja, grundsätzlich schon. Wir haben nur ein Problem. Unsere Plätze, die uns für so kleine Babys zur Verfügung stehen, sind alle besetzt.«

Bei der Bemerkung knetete sie ihre Finger. Inspektor Clark drehte sich zu uns.

»Ich weiß, es ist viel verlangt. Könnten Sie die Kleine unter Umständen vorübergehend bei sich aufnehmen, bis das Jugendamt einen freien Platz hat oder die leibliche Mutter gefunden ist?«

»Ja!«

»Nein, auf keinen Fall!«

»Ja, wenn Sie sich nicht einig sind, sind wir gezwungen, nach einer anderen Lösung suchen. Der Kleinen soll es auf jeden Fall gutgehen.«

Erstaunt blickte ich zu Charles.

»Bitte, Inspektor. Lassen Sie uns ein paar Minuten allein.«

Im Raum standen wir uns gegenüber. Frau Dr. Correll hatte das Baby mitgenommen.

»Charles, warum hast du ›nein‹ gesagt? Wieso willst du nicht, dass die Kleine vorübergehend zu uns kommt? Berührt ihr Schicksal nicht dein Herz? Sie ist so winzig und ganz allein?«

Meine Augen füllten sich mit Tränen. Ich sah, wie Charles schluckte.

»Natürlich lässt mich das nicht kalt! Du kennst mich.«

»Eben!«

»Wie soll das denn gehen mit so einem kleinen Baby? Unsere eigenen Kinder sind flügge geworden. Gerade haben wir unsere Freiheit wiedergewonnen. Wir können verreisen und tun und lassen, was wir wollen.«

»Erinnerst du dich an die Zeit, als Mark und Emily klein waren? Manchmal war es anstrengend, doch es gab zahlreiche, schöne Momente. Die möchte ich nicht missen. Außerdem hätten wir jetzt zwei Babysitter in der Familie.«

Bei den letzten Worten lächelte ich ihn an. Er grinste zurück.

»Ach, du liebe Zeit! Mark und Emily wissen ja von nichts. Ob die das gut fänden mit einer kleinen Schwester?«

»Ist dir aufgefallen, dass sie die gleiche Haarfarbe und Locken wie Emily bei der Geburt hat?«

»Na ja, niedlich ist sie schon.«

Inzwischen ist Lilly drei Jahre alt. Sie gehört zu uns. Ihre leibliche Mutter hat sich nicht gefunden. Unser Leben hat sie total umgekrempelt. Die schlaflosen Nächte sind vorbei. Wir sind ebenfalls nicht mehr besorgt, ob sie bei den Mahlzeiten genügend zunimmt. Charles ist ganz vernarrt in seine Jüngste. Er genießt es, sich mit ihr über den Rasen zu wälzen, Grasflecken an der Kleidung inklusive. Mark und Emily sind begeisterte große Geschwister, die ab und zu gern als Babysitter einspringen. In der Nachbarschaft hat sich die Ankunft unseres Findelkindes natürlich herumgesprochen. Unsere Nachbarn von gegenüber mit dem Porsche meinten, sie fänden es toll, dass wir die Kleine zu uns genommen hätten. Sie hätten das nicht gemacht.

Draußen herrscht wieder ein Wetter, an dem selbst Sam den täglichen Spaziergang verweigert. Neblig, kalt und jetzt um 17 Uhr am Nachmittag bereits stockfinster. Ich finde, Lilly könnte ein Geschwisterchen bekommen. Mein Blick fiel auf das gegenüberliegende Dach.

✰ Dieses Jahr wird alles anders

Als er durch den Supermarkt ging, sah er sie. Sofort spürte er Wut aufsteigen. Er hatte selbst nach Jahren noch gute Gründe, sehr gute sogar! Nicht, weil es erst September war. Unschuldig lagen sie da in ihrer Verpackung, ordentlich aneinander gereiht, als ob sie kein Wässerchen trüben könnten: Mit buntem Zucker bestreute Schokokringel! Er hasste sie!

Alles fing mit Annas Bemerkung an, dass dieses Mal beim Weihnachtsfest alles anders würde, weil es nun Mäxchen gebe. Er würde Weihnachten aufgrund seines Alters bewusster wahrnehmen als das Jahr zuvor.

Auf dem Heimweg sah er vor dem großen Kaufhaus in der Stadt mehrere Weihnachtsmänner stehen. Als Kind dachte er, es gäbe nur einen Weihnachtsmann für alle Kinder. Auf die Frage an seine Mutter, wie er allein es schaffe, alle Kinder zu beschenken, hieß es, der Weihnachtsmann sei deswegen immer in Eile. Manchmal verliere er einen Tannenzweig oder eine Weihnachtskugel; ihn selbst bekäme man so gut wie nie zu Gesicht. Als Kind leuchtete ihm die Erklärung durchaus ein. Als Erwachsener mit dem Wissen von heute fand er sich ziemlich naiv. Gegenwärtig gibt es eine ganze Weihnachtsmannindustrie. Der Weihnachtsmann ist an Heiligabend für einen Auftritt zu mieten oder er verteilt Flyer an vorübergehende Passanten vor einem Kaufhaus in der Stadt wie gerade in dem

Augenblick. ›Kaufe zwei, erhalte drei‹, las er. Bei den meisten Fußgängern landeten die Angebote in prall gefüllten Einkaufstüten. Er erinnerte sich an die Zeit seiner Kindheit, als die Vorweihnachtszeit für ihn voller Zauber war. Wie er sich die Nase an der Scheibe von Hubers Spielzeugladen platt gedrückt hatte. Die Hände kalt, trotz der Fäustlinge. Und die Hoffnung, möglicherweise seinen größten Wunsch erfüllt zu bekommen. Der größte Wunsch hatte ganz oben auf der Wunschliste an den Weihnachtsmann zu stehen, damit der wusste, was er auf jeden Fall am Heiligen Abend bringen musste. Sein Blick traf den seines Vaters.

»Du, weißt, das Christkind kommt nur zu braven Buben.«

Wie folgsam er von da an bis zum Heiligen Abend war, obwohl es ihm wahrlich nicht leicht fiel! Der Wunschzettel wurde von ihm und seinen Geschwistern in der Nacht zu Nikolaus auf das Fensterbrett des Kinderzimmers gelegt. Der Nikolaus fand ihn, nahm ihn mit und gab ihn weiter an den Weihnachtsmann. Einmal blieb sein Wunschzettel auf dem Fensterbrett liegen. Den seiner Geschwister hatte der Nikolaus mitgenommen. Was war er traurig! Wie sollte der Weihnachtsmann von seinen Wünschen erfahren? Er fragte seine Mutter.

»Ja, warst du denn brav?«

»Ja!«

»Wirklich?« Sie schaute ihn mit einem Blick von unten an, wie ihn nur Mütter haben.

Da erinnerte er sich, dass er es ganz fest vorgehabt hatte. Wirklich! Es wäre ihm fast gelungen, wenn ihn nicht an dem einen Tag im Kindergarten der Paul fürchterlich geärgert hätte. Da konnte er nicht anders und schlug um sich.

Die folgenden Tage schlich er mit gesenktem Kopf umher. Seine einstige Fröhlichkeit war wie weggeblasen. Ein Weihnachtsfest für ihn ohne Geschenke! Und am schlimmsten, er hatte es selbst verbockt! Kurz vor dem Heiligen Abend nahm ihn seine Mutter beiseite.

»In der letzten Zeit warst du wirklich brav.«

Er senkte den Blick, während er nickte. Tränen schossen ihm in die Augen.

»Weißt du, manchmal, in ganz besonderen Fällen, kann der Weihnachtsmann die Gedanken von Kindern lesen. Du musst ganz stark an deinen brennendsten Wunsch denken.«

Seine Mutter! Und der Duft von Mutters Plätzchen in der Adventszeit! Er glaubte, sie zu riechen. Seinem Sohn zuliebe wollte er die Magie seiner Kinderzeit wieder aufleben lassen.

Auf dem Weihnachtsmarkt im Ort zwischen den mit Tannenzweigen und blinkenden Sternen geschmückten Bretterbuden war es eng, so dass er keine Anstrengung machte, sich gegen den Besucherstrom zu bewegen. Stände mit Krippenfiguren befanden sich neben solchen mit Wollmützen; Zimtwaffeln traten zu Bürsten in Konkurrenz.

»Na, bist du auf das Kommende eingestimmt?«, meinte Anna

bei seiner Rückkehr.

Max strampelte auf Annas Schoß, um zu seinem Vater zu kommen. Sie ließ ihn herunter. Der Zweijährige lief direkt in seine Arme.

»Michael, du solltest am besten morgen los, um einen Tannenbaum zu kaufen.«

»Ist das nicht ein bisschen früh? Wir hatten gerade erst den zweiten Advent!«

»Genau, es ist höchste Zeit. Die Leute ziehen immer an den Adventssonntagen los und kaufen ihren Baum. Wenn du zu spät dran bist, kommst du mit einem hässlichen Gerippe heim. Es soll ein schönes Weihnachtsfest werden. Letztes Jahr war Max viel zu klein, um das Fest bewusst wahrzunehmen. Heuer wird alles anders. Du wirst sehen.«

Michael sagte nichts. Insgeheim war er von Annas Aussage nicht überzeugt. Im Laufe ihrer Ehe hatte er jedoch gelernt, dass es zwecklos war, ihr zu widersprechen, wenn sie von einer Sache so überzeugt war wie gerade eben.

Auf dem Platz, wo die Bäume verkauft wurden, ging es genauso turbulent zu wie auf dem Weihnachtsmarkt. Familien schoben sich durch die Reihen. Er beobachtete das bunte Treiben.

»Ich will aber den«, weinte ein kleines Mädchen und wurde vom Vater fortgezogen. Er ahnte nicht, dass sie sich mit einer Hand an einen Ast eines Tannenbaumes klammerte. Da die

Bäume eng nebeneinander in Ziegelsteinen standen, neigten sich gleich mehrere der Erde zu.

»He, Sie!«, schrie ungehalten der Verkäufer. »Was soll das?«

Mit hochrotem Kopf entfernte sich der Mann mit seiner Tochter, nicht, ohne vorher ihre Hand vom Ast zu lösen.

Michael stürzte sich ins Getümmel.

»Der ist schön«, meinte eine Frau zu ihrem Begleiter.

»Schau, wie gleichmäßig die Äste gewachsen sind. Den nehmen wir!«

»Das ist meiner!«, sagte Michael zu der Frau neben sich und streckte schnell die Hand zum Stamm aus. Sofort bohrten sich die Tannennadeln in seine Handfläche.

»Ihrer! So ein Blödsinn! Ich habe Sie beobachtet. Sie standen die ganze Zeit abseits.« Die Frau zerrte am Baum.

Er verstärkte den Druck seiner Hand und spürte den zunehmenden Schmerz.

»Komm, Konrad, gehen wir. Leute gibt`s . . .«

Michael schaute zu, wie der Baum erschlankte, indem er in ein Netz verpackt wurde. ›Wenn das mit dem Schlankwerden immer so einfach wäre!‹ Er seufzte. Zuhause im Flur löste er das Netz und die ganze Pracht des Baumes entfaltete sich. Anna kam aus der Küche und wischte sich die Hände am Handtuch ab.

»Der ist ganz schön groß. Meinst du, der passt in die Ecke und in den Weihnachtsbaumständer?«

»Kleinigkeit! Wozu hast du denn mich?« Er lächelte ihr zu.

Am Heiligen Abend holte Michael den Christbaum vom Balkon ins Wohnzimmer und platzierte ihn an den vorgesehenen Platz nahe am Esstisch. Er reichte mit seiner Spitze bis an die Decke. Komisch, war die Decke schon immer so niedrig gewesen? Der Ständer war ebenfalls kleiner als gedacht. Endlich! Der Baum stand. Zugegeben, er war aufgrund seiner Höhe ein wenig wackelig. Dafür hatte Anna einen wunderschönen Weihnachtsbaum. Michael schmückte ihn mit den neuen Christbaumkugeln und den elektrischen Kerzen. Auf den Schmuck für die Spitze musste er aufgrund der Höhe verzichten. Er trat ein paar Schritte zurück. Etwas fehlte. Gut, dass er daran gedacht hatte! Als Kind liebte er besonders die bunten Schokokringel, die seine Mutter an den Baum hing. Für seinen Sohn würde er den Brauch weiterführen. Schnell hing er die mitgebrachten Kringel an die Äste.

»Ein Baum mit gleichmäßig verteilten Ästen!« Anna hauchte einen Kuss auf seine Lippen.

»Lass` uns die Bescherung nach dem Kaffeetrinken machen. Dann ist der Kleine ausgeschlafen.«

Nachmittags lugte Michael zum Kaffeetisch. Anna hatte ihn bereits gedeckt mit den dünnen Porzellantassen im Blümchenmuster, in deren Henkel sein Zeigefinger nie passen wollte. In der Mitte prangte die Torte. ›Prangte‹ war das richtige Wort. Im

Teig gaben sich weihnachtliche Gewürze wie Zimt, Nelken und Orangeade ein Stelldichein. Er wusste das genau, denn er war wie Max beim Backen dabei. Verziert war sie mit einem Mantel aus Marzipan. Am äußeren Rand standen selbst gefertigte Marzipan-Weihnachtsmänner. Als die kleinen Männlein modelliert wurden, fühlte er sich wie ein kleiner Junge. Mit Mäxchen schoben sie sich kleine Marzipanstücke um die Wette in den Mund und lachten dabei, bis Anna ihn aus der Küche warf.

»Es bleibt für den Kuchen nichts mehr übrig, wenn das so weiter geht. Zudem wird Max sich den Magen verderben!«

Auf die Marzipandecke hatte Anna Splitter aus weißer Schokolade gegeben. Wie er sich auf das erste Stück Torte freute! Das erste schmeckte ihm seit jeher am besten!

Anna rief ihm zu:

»Ich ziehe mich schnell um. Du bist ja bereits umgezogen. Pass` derweil auf den Kleinen auf.«

So früh Bescherung? Sie hätte ihm wirklich vorab noch einen kleinen Hinweis geben können. Bislang hatte er Annas Geschenk nicht verpackt. Michael warf einen Blick auf seinen Sohn, der auf der Erde mit den Spielzeugautos spielte. Schnell ging er ins Schlafzimmer und lehnte die Tür leicht an. Wie schaffte es Anna, Geschenke so meisterhaft zu verpacken? Schon das Zuschneiden des Papiers war eine Herausforderung. Gerade sollten die Seiten sein. Beim ersten Mal hatte er zu wenig Papier abgeschnitten. Das Geschenk passte nicht hinein.

Dass es gewachsen war, war unmöglich. Er nestelte an der Schleife. Sie wollte nicht gelingen. Bei Anna sahen Geschenkpakete nahezu perfekt aus. Bei ihm stand das Papier an den Ecken merkwürdig hoch. Ein Geräusch ließ ihn aufschrecken. Anfangs ganz zart, einem hellen Glockenton ähnlich, gefolgt von einem dunkleren Geräusch. Danach fiel etwas Schweres auf den Boden. Mäxchen! Er raste ins Wohnzimmer. An der Tür stieß er mit Anna zusammen.

Was er zuerst wahrnahm, konnte er nicht sagen. Das Chaos auf dem Tisch und der Erde oder seinen Sohn. Der Weihnachtsbaum lag auf dem Fußboden. Splitter aus den bunten Christbaumkugeln hatten sich neben den Marzipan-Weihnachtsmännern in die Torte gebohrt. Ein Teil des Geschirrs war zerbrochen. Demonstrativ steckte der Henkel einer Tasse im Tortenrand.

Ihr Sohn saß inmitten des Chaos` auf dem Boden und strahlte sie beide an: Den Mund mit Schokolade verschmiert. In seiner rechten Hand hielt er ein formloses Etwas, das einmal ein Schokokringel gewesen war.

☆ Zauberkristalle

Mit ›Es war einmal‹ fangen Märchen an. Diese Geschichte ist kein Märchen und doch beginnt sie mit ›Es war einmal‹.

Es war einmal ein kleines Mädchen. Den ganzen Tag verbrachte es mit Spielen, denn es ging noch nicht zur Schule. Von morgens bis abends spielte es draußen mit Freunden Fangen, kletterte auf Bäume, warf den Ball an die Hauswand und fing ihn wieder. Die Freiheit erschien grenzenlos. In der Zeitrechnung war es die Zeit ›Null‹ vor der Erfindung des Smartphones. Kein Anruf der Mutter störte. Damit unterblieb die Frage, wo es sei. Nach dem Frühstück mahnte die Mutter lediglich ›sei zum Mittagessen daheim‹. Eine Uhr besaß das kleine Mädchen nicht. Es richtete sich nach dem Bauchgefühl. Das Hungergefühl zeigte an, wann es Zeit war, zum Mittagessen heimzukehren. Meistens war es pünktlich zum Essen daheim. Meistens … Wenn es von weitem die Stimme der Mutter hörte:

»Anna, wo bist du? Das Essen ist fertig«, wusste es, dass es bald Zeit war, sich auf den Heimweg zu machen. Bald, nicht sofort. Ein zweites Mal sollte die Mutter ruhig noch rufen. Nach dem zweiten Mal lief es schnell nach Hause, denn der dritte Ruf der Mutter war mit einem Donnerwetter verbunden, das es zu vermeiden galt.

Auf die Weise ging der Sommer dahin. Draußen wurde es kälter. Der Anorak gehörte fortan als tägliches Kleidungsstück beim Spielen im Freien dazu. Die Dunkelheit wich morgens später und kam abends früher, so dass die Zeit zum Spielen draußen kostbar wurde. Die anderen Kinder erzählten dem kleinen Mädchen, dass bald der Winter käme und mit ihm der Schnee. Aus ihm ließen sich herrliche Schneemänner bauen und Schlitten fahren wäre super. Obwohl sich das kleine Mädchen natürlich nicht klein fühlte, konnte es sich nicht daran erinnern, jemals einen Schneemann gebaut zu haben. Sehnsüchtig wartete es von da an auf die weiße Pracht.

Morgens, nach dem Aufstehen, lief es als Erstes zum Fenster.

»Mama, wird es heute schneien?«

»Nein, heute nicht.«

Den nächsten Morgen lief es wieder zuerst zum Fenster.

»Mama, wird es heute schneien?«

»Nein, es ist viel zu warm«, war die Antwort.

Den Tag darauf die gleiche Frage.

»Aber heute ganz bestimmt?«

Es sah, wie die Mutter leicht die Augen verdrehte und den Kopf schüttelte.

»Du musst warten. Wenn du nicht mehr daran denkst, wird es soweit sein.«

Warten! Das konnte das kleine Mädchen wie andere Kinder nicht gut. Wenn die Mutter seine Lieblingskekse buk, konnte es nicht erwarten, bis die Kekse fertig waren. Es musste Teig stibitzen, um ihn sich sofort in den Mund zu stecken. Auch wenn es dafür etwas auf die Finger gab und die Mutter es ermahnte, nicht so ungeduldig zu sein.

Eines Morgens wurde das kleine Mädchen von seiner Mutter sanft wachgerüttelt.

»Aufstehen!«

Schlaftrunken richtete es sich im Bett auf.

»Was ist?«

Beim Blick in die Augen der Mutter wusste es Bescheid.

»Schnee! Es hatte geschneit!«

Augenblicklich war es hellwach und lief zum Fenster. Draußen regnete es Watte vom Himmel. Wirklich! Viele kleine Wattebäusche fielen auf die Erde hinab. Sie ließen das Grün der Rasenfläche im Garten allmählich verschwinden. Lediglich die Grasspitzen schauten hervor. Einige Schneeflocken blieben an der Fensterscheibe hängen. Neugierig wurden sie beobachtet. Die einzelne Schneeflocke sah aus, als ob viele kleine Sterne aneinandergefügt wurden. Staunend und mit offenem Mund verfolgte das kleine Mädchen den Weg der Schneeflocke am Fenster. Von ganz oben rutschten die Sternchen weiter nach unten. Plötzlich waren sie verschwunden. Zurück blieb ein kleiner Wassertropfen. Es war ein klein wenig traurig.

»Mama, wo ist der Schnee hin?«

»Er ist geschmolzen«, erwiderte die Mutter. »Der Schnee braucht die Kälte. An der Scheibe ist es zu warm. Dort schmelzen die Schneekristalle und werden zu Wasser.«

Das kleine Mädchen war traurig. Es liebte die kleinen Sternchen aus Schnee.

»Dann können die Schneekristalle zaubern. Sie zaubern sich einfach weg. Zauberkristalle! Wenn ich meine Hand draußen an die Scheibe halte, verschwindet sie nicht, oder?«

Es schaute ängstlich.

»Nein.« Die Mutter lachte. Da lachte es auch.

Weiterhin fielen dicke Schneeflocken vom Himmel und sammelten sich an der Fensterscheibe. Weil es so viele waren, war das kleine Mädchen getröstet. Und es verfolgte die Verwandlung der Schneesterne in Zauberkristalle. Nach einiger Zeit wurde ihm langweilig. Schnell zog es sich an und lief in den Garten. Der Schnee legte sich auf seinen roten Anorak. Er hinterließ weiße Punkte. Nicht lange, dann verschwanden die weißen Punkte und neue kamen hinzu. Lächelnd beobachtete die Mutter ihre kleine Tochter vom Fenster aus. Ein kleiner Fliegenpilz, der durch den Schnee flitzte! Neugierig streckte das kleine Mädchen die Zunge heraus und versuchte, einige Schneeflocken zu fangen. Der Schnee legte sich auf die Zunge. Im Nu war er geschmolzen. Wie schmeckten Schneeflocken? Das Mädchen konnte es nicht sagen. Wie Eis schmeckten sie nicht. Das gab es in verschiedenen Geschmackssorten. Am liebsten mochte es Schokoladeneis. Es war komisch. Obwohl die Eiskristalle an der Fensterscheibe so besonders schön aussahen, waren sie geschmacklos. Das hatte es nicht erwartet.

Einige Stellen auf seiner Zunge fühlten sich kalt an. Das war beim Schokoladeneis im Mund genauso. Es hatte keine Zeit, sich darüber länger Gedanken zu machen. Seine Freunde aus den umliegenden Häusern liefen zu ihm in den Garten.

»Wir bauen einen Schneemann! - Ja, einen Schneemann. Das ist toll.«

Mit den Händen formte ein Junge einen kleinen Ball aus Schnee. Danach rollte er ihn auf dem Rasen im Schnee hin und her. Mit großen Augen sah das kleine Mädchen die Kugel immer dicker werden. Bald konnten sie die Schneekugel nur mit vereinten Kräften bewegen.

»Es reicht«, meinte einer. »Jetzt richten wir sie auf. Das ist ein riesiger Bauch für den Schneemann.«

Danach rollten sie eine kleinere Kugel. Sie diente als Kopf und wurde auf den Bauch gesetzt. Die Arme formten sie ebenfalls aus Schnee. Ganz fertig war der Schneemann nicht, denn ihm fehlte ein Gesicht. Als Augen steckten die Kinder zwei runde Steine ein. Ein an zwei Stellen vorsichtig gebrochener Stock bildete den lachenden Mund. Für die Nase schmuggelte das kleine Mädchen eine Möhre aus der Küche. Mit einem Tannenast hatte der Schneemann grüne Haare erhalten. Ein Junge stiftete seine blaue Pudelmütze, denn der Schneemann sollte nicht frieren. Ein anderer schlang seinen Schal um den Hals des Schneemanns. Die Kinder schauten ihn an und freuten sich. Der erste Schneemann im Winter war etwas Besonderes.

Sie fassten sich an den Händen und tanzten um ihn herum. Der größte Junge machte Purzelbäume im Schnee. Bald sah er selbst wie eine Schneekugel aus.

Am nächsten Morgen wollte das kleine Mädchen den Schneemann betrachten. Es konnte ihn jedoch nicht sehen, weil die Fensterscheibe von innen aussah wie eine wunderschöne Blume. So eine hatte es draußen im Garten nie gesehen. Vorsichtig berührte es sie. An der Stelle, an der ihr Finger etwas länger verweilte, verschwand ein kleiner Teil der Blume plötzlich.

»Mama, was ist das?«

»Das sind Eisblumen! Wenn es draußen ganz kalt ist, passiert es manchmal, dass sich innen am Fensterglas diese besonderen Blumen bilden. Bei Wärme schmelzen sie wie die Schneeflocken außen am Fenster.«

Das kleine Mädchen hatte Spaß daran, den Schneemann täglich im Garten zu beobachten.

Abends im Licht der Straßenlaternen oder wenn der Mond darauf schien, funkelte und glitzerte er, so dass es sich nicht sattsehen konnte. Auf vielen Bildern, die das kleine Mädchen malte, sanken Schneekristalle vom Himmel herab. Auf manchen war ein dicker Schneemann zu sehen. Im Verlauf des Winters veränderte der Schneemann im Garten sein Aussehen. Der vormals dicke Bauch wurde dünner. Es war wärmer geworden. Sogar die ersten Vögel kehrten aus dem Süden zurück.

Die Farbe des Schnees wechselte von einem sauberen Weiß zu einem schmuddeligen Braun. Das kleine Mädchen spürte, dass die Zeit des Schneemanns bald zu Ende sein würde. Es war nicht traurig, denn es wusste, nächsten Winter würde es wieder schneien. Irgendwann…, wenn es nicht damit rechnete. Dann war die Zeit gekommen für einen neuen Schneemann.

Das kleine Mädchen von damals ist erwachsen. Dem Schnee aus der Kinderzeit wohnt keine Zauberkraft mehr inne - im Gegenteil: Einem großen Teil der Menschen ist er lästig. Wenn er die Straßen und die Gehwege bedeckt, wird er schnellstmöglich entfernt. Nur in den Parks darf die weiße Pracht auf dem Rasen liegen bleiben. Die Bäume erhalten eine Kapuze aus Schnee. An den Orten treffen sich die Menschen, die den Zauber einer Winterlandschaft spüren und ihn in sich aufnehmen möchten.

Die junge Frau schaut sich im Raum um. Ihr Blick bleibt an der Wiege hängen. Ein von blonden Locken umrahmtes Gesicht mit veilchenblauen Augen lächelt sie an. Es war einmal ein kleines Mädchen, das ahnt, die Zeit der Zauberkristalle wird wiederkommen, irgendwann . . . Und irgendwann wird wieder ein Schneemann im Garten stehen. Und der Zauber beginnt von vorn.

☆ *Eine besondere Begegnung*

Sonnenstrahlen drangen durch die unbelaubten Äste der Bäume entlang der Landstraße. Obwohl der Kalender bereits den Frühlingsbeginn anzeigte, hatte die Natur ihr weißes Winterkleid noch nicht gegen das grüne des Frühlings getauscht.

Er schob die runde Nickelbrille auf dem Nasenrücken höher und blickte angestrengt auf sein Navi. Hinter ihm, oder besser gesagt rechts und links neben ihm, wurde der Schnee wie kleine Wolken aus Puderzucker in die Landschaft gepustet.

»Das Ziel befindet sich in 300 Meter Entfernung auf der rechten Seite«, vernahm er eine weibliche Stimme.

»Toll. Ich sehe nichts!«

Er wollte gerade eine Bemerkung zur Unzulänglichkeit des weiblichen Geschlechts abgeben, als die Straße eine scharfe Kurve machte. Vor ihm lag - wie beschrieben - auf der rechten Seite ein großes Gebäude, das von hohen Tannen umgeben war. Die Fassade leuchtete abwechselnd zwischen den Bäumen hindurch in den verschiedensten Neonfarben: Von gelb, über orange, zu blau bis grün. Als er die Auffahrt entlang fuhr, sah er, dass das Haus die Form einer Ellipse hatte. Es lag sozusagen mit der breitesten Seite auf dem Erdboden auf. Er parkte direkt vor der Treppe, weil er keine Lust hatte, mehr als nötig zu laufen. Beim Aussteigen schwang er seine Beine nach links. Als er festen Boden unter die Füße bekam, beobachtete er, wie sich

Schnee vom Zwischenraum seiner Hose, die er in die Stiefel gesteckt hatte, den Weg zu seinen Zehen bahnte. Er zog die Schnalle seines Gürtels in die Mitte seines Körpers. Über und unter dem Gürtel wölbte sich ein Bauch. Im Eingangsbereich fiel sein Blick auf den Empfang. Sofort hoppelte ein Angestellter ihm entgegen.

»Mein Name ist Lampe. Was kann ich für Sie tun?«

»Ich möchte den Chef sprechen.«

»Sofort, mein Herr.« Herr Lampe winkte kurz mit der linken Pfote.

»Frau Lampe, bringen Sie den Herrn bitte zu Meister Lampe.«

»Selbstverständlich.«

Sie ging voraus und bedeutete ihm mit den Augen, ihr zu folgen. In sein Blickfeld geriet ihr enger Minirock, der mit braunem Fell bewachsene Beine freigab. Der Anblick war ungewohnt. Gleichzeitig spürte er, dass der Schnee in seinen Stiefeln den Aggregatzustand gewechselt hatte: Seine Fußsohlen wurden nass.

Vor einer Tür blieb sie stehen, klopfte kurz und sagte zu ihm: »Bitte, mein Herr.«

Er trat ein.

Meister Lampe erhob sich sofort hinter seinem Schreibtisch. Im Aufstehen zog er sich das Jackett seines Anzugs glatt und zupfte die Krawatte zurecht. In der Mitte zierte sie ein gesticktes, pinkfarbenes Osterei. Mit ausgestreckter Pfote kam er auf ihn zu.

»Grüß dich, Weihnachtsmann. Was führt dich zu mir?«

»Hast du meinen Brief nicht erhalten?«

»Nein.«

»Schlamperei! Ich soll dir zu Ostern helfen.«

»Das ist super! Hilfe kann ich gut gebrauchen. Komm` mit, vorher zeige ich dir die Produktionshallen, damit du einen Überblick über unser Angebot erhältst.«

In einem langen Gang öffnete der Osterhase eine Tür. Er ließ den Weihnachtsmann eintreten. Geschäftig eilten Hasen an ihnen vorbei. Überall an den Wänden befanden sich Regale. Sie reichten vom Fußboden bis zur Decke. In ihnen lagerten Schokoladeneier. An den Tischen in der Mitte türmten sich Eier aus dunkler und weißer Schokolade. An weiteren Tischen wurden sie mit Milchcreme, Nougat, Marzipan und anderen leckeren Dingen gefüllt.

Der Weihnachtsmann schluckte.

»Magst du probieren?«

Da ließ er sich nicht lange bitten.

Der Weihnachtsmann schaute auf den Berg von Schokoladeneiern, die der Osterhase vor ihm aufgetürmt hatte. Mit der Zunge fuhr er sich über die Oberlippe, um einen verirrten Schokoladenrest einzufangen. Etwas abseits unterhielt sich Meister Lampe mit zwei Angestellten. Nach einer Weile ging er auf den Weihnachtsmann zu. Der hatte inzwischen seinen Gürtel um ein Loch weiter gestellt.

»Ich habe alles vorbereitet. Von mir aus können wir los.«

»Osterhase, was ich von dir gern wissen möchte. Warum produziert ihr so eine große Menge Schokoladeneier?«

»Einen Teil legen wir in die Osternester, die wir für die Kinder verstecken. Den größten Teil erhalten die Geschäfte. Die Kinder und Erwachsenen möchten bereits vor Ostern Schokoladeneier essen.«

Draußen am Fuß der Treppe standen fein säuberlich übereinander gestapelt mehrere Kartons.

Oben auf der Treppe blieb Meister Lampe plötzlich stehen.

»Wo sind deine Rentiere mit dem Schlitten?«

»Zuhause.«

»Wie zuhause?«

Inzwischen waren sie neben dem Gefährt angekommen, das in der Auffahrt parkte. Liebevoll strich der Weihnachtsmann mit der rechten Hand über den Lack.

»Prächtig, nicht wahr? Der Motorschlitten ist das neueste Modell; macht glatt seine 250 Sachen! Das Rot mit den goldfarbenen Sternen ist eine Sonderlackierung. War irre teuer! Doch man gönnt sich ja sonst nichts. Außerdem werde ich ihn von der Steuer absetzen.« Er lachte.

Fragend schaute der Osterhase den Weihnachtsmann an.

»Manchmal kommen die Bestellungen der Kunden dermaßen spät rein, dass ich Express liefern muss. Das geht nur mit dem

Motorschlitten. Die Rentiere sind zu langsam.«

Die Augen des Osterhasen blieben an zwei Rädern hängen, die außen auf der Fahrerseite montiert waren. Der Weihnachtsmann folgte seinem Blick.

»Genial, nicht wahr? Manchmal liegt an Weihnachten nicht genügend Schnee. Da bin ich mit dem Rentierschlitten öfter liegengeblieben. Mein Chef hat deswegen mit mir geschimpft, weil ihm die Abschleppkosten zu hoch waren. Als ob ich etwas für das Wetter könnte! Auf der Beifahrerseite befinden sich ebenfalls zwei Räder. Mit nur zwei Schrauben lassen sich die Kufen lösen. Die Räder sind schnell montiert. - Dann wollen wir mal einladen.«

Er hielt den Schlüssel Richtung Kofferraum. Mit dem Erklingen von ›Stille Nacht - Heilige Nacht‹ öffnete sich der Kofferraumdeckel. Vorsichtig lud der Weihnachtsmann die Kartons ein. Währenddessen schaute der Osterhase in den riesigen Sack des Weihnachtsmannes, der bereits drin lag.

»Du hast Playstations, Laptops, Teddys und andere Dinge drin.«

»Ja, das wünschen sich die Kinder heutzutage zu Ostern. Das hättest du neben den Eiern nicht auch noch ausliefern können.«

Mit einem leisen Klick startete der Weihnachtsmann den Motorschlitten.

Die Ohren von Meister Lampe flatterten senkrecht im Fahrtwind. Der Schokoladenhase und der Schokoladenweihnachtsmann, die am Innenspiegel hingen, grüßten einander im Schaukeln. Links und rechts vom Schlitten wurde der Schnee wie mit kleinen Schaufeln zur Seite geworfen. Mit beiden Vorderpfoten klammerte sich der Osterhase am Haltegriff des Armaturenbrettes fest.

»Wahnsinn, nicht wahr?« Der Weihnachtsmann drehte sein Gesicht zu Meister Lampe.

»Greif `mal unter deinen Sitz. Dort liegen Mützen für dich. Ich habe wegen deiner langen Ohren unterschiedliche Größen dabei. Probiere aus, welche dir am besten passt.«

Als sie das erste Haus auf ihrer Liste erreichten, blieb der Osterhase einen Moment lang sitzen. Nach der rasanten Fahrt spürte er seinen Magen. Als er sich besser fühlte, stieg er aus. Er füllte seinen Korb mit Schokoladeneiern. Vorsichtig schaute er sich um und lief sogleich in den Garten. Dort suchte er geeignete Verstecke für die Nester aus; nicht zu leicht zu finden, jedoch auch nicht zu schwer.

Sicher wisst Ihr selbst aus Eurer Kinderzeit, welche Verstecke Ihr leicht gefunden habt und bei welchen Ihr Euch ganz schön anstrengen musstet.

Während der Osterhase also in den Garten lief, machte es der Weihnachtsmann ganz anders. Schnurstracks ging er den Weg vom Gartentor zur Haustür. Mit seiner Körpergröße, dem Bauch und den weißen Haaren war er eine imposante Erscheinung. Lange drückte er mit seinem rechten Daumen auf den

Klingelknopf. Eine Frau mit zwei Kindern an ihrer Seite öffnete. Vor Schreck schlug sie die Tür wieder zu.

»He, nun lasst mich bei dem kalten Wetter nicht draußen stehen!«

Vorsichtig öffnete sich die Tür einen Spaltbreit. Der Weihnachtsmann schob sie mit seinem Sack weiter auf und trat ein. Die Frau und die Kinder standen eng aneinander gedrängt in einer Ecke der Diele. Alle Augen waren auf ihn gerichtet.

»Wollt ihr mich nicht ins Wohnzimmer bitten?«

Wortlos deutete die Frau mit ihrer Hand auf eine Tür. Er warf einen Blick in seine Notizen.

»Ihr seid Lukas und Anna?«, wandte er sich an die beiden Kinder.

»Jaha«, ertönte leise die Antwort.

Wieder klingelte es draußen an der Tür.

Ihr ahnt, wer es war? Richtig, der Osterhase!

Die Kinder rissen die Augen auf. Ein leibhaftiger Osterhase! Zwar war es Ostern, doch niemals hatten sie einen lebendigen gesehen. Am Heiligen Abend im vergangenen Jahr hatte sie dagegen der Weihnachtsmann mit Geschenken besucht. Der Osterhase stellte sich neben den Weihnachtsmann und wartete ab.

»Ihr seid also Lukas und Anna?«, wiederholte der Weihnachtsmann. »Seid ihr brav gewesen von Weihnachten bis heute?«

Die Kinder blickten einander an und nickten. Er schaute zur Mutter. Sie nickte ebenfalls.

»Nun, Lukas und Anna, dann möchte ich von euch ein Ostergedicht hören.«

»Ein Ostergedicht? Wir kennen kein Ostergedicht.«

Jetzt mischte sich der Osterhase in das Gespräch ein.

»An Ostern ist es nicht üblich, ein Gedicht aufzusagen.«

»Auch nicht ein klitzekleines Frühlingsgedicht?«

Meister Lampe schüttelte den Kopf.

»Schade.«

Daraufhin griff der Weihnachtsmann in den Sack und übergab Lukas ein in grünes Papier gewickeltes Geschenk mit einer gelben Schleife. Für Anna hatte er ein blaues Paket mit einer roten Schleife dabei.

»Viel Spaß beim Spielen.«

»Wisst ihr, wo ihr die Schokoladeneier zu suchen habt?«, fragte der Osterhase.

Beide nickten: »Im Garten natürlich!«

Er lachte. »Es war gar nicht so einfach, bei dem Schnee geeignete Verstecke zu finden. Wartet nicht zu lange mit dem Suchen, sonst frieren die Schokoladeneier möglicherweise fest.«

Der Weihnachtsmann wandte sich zur Tür. Der Osterhase folgte ihm. Draußen angekommen, meinte der Weihnachtsmann:

»Mir hat es großen Spaß gemacht. Hast du die erstaunten

Gesichter gesehen?«

Sie hakten sich unter.

»Stell` dir vor, Weihnachtsmann, zum nächsten Osterfest stehen nicht nur Schokoladenosterhasen in den Regalen der Geschäfte, sondern daneben sind Schokoladenweihnachtsmänner aufgereiht!«

✿ Gesicht nach unten - Füße in die Höh`

Vom Himmel fallen dicke Flocken. Die Straßen sind von Watte bedeckt. Im Park haben sich die Grashalme unter die Schneedecke gekuschelt und warten auf den wärmenden Frühling. Licht fällt aus den Fenstern der Häuser auf die Straße. Wie ein Schattenspiel wirken die Bewegungen der Menschen hinter den hell erleuchteten Fenstern. Dramen oder Komödien? Was mag sich hinter den Fassaden abspielen? Die Frage taucht kurz in seinem Kopf auf, um dann sofort zu verschwinden.

Er hat es eilig und hastet die Straße entlang. Die Schuhe hinterlassen tiefe Abdrücke im Schnee, die an der Stelle von einem unschuldigen Weiß in ein schmutziges Grau-Braun übergehen. Den Hut tief in die Stirn gezogen, den Körper schräg nach vorn geneigt, um den dicht an dicht fallenden Flocken zu entkommen. Vorwitzige Schneekristalle setzen sich auf seinem Hut fest, andere fallen direkt auf sein Gesicht. Ihre kristalline Schönheit hinterlässt einen nassen Fleck. Ihm fällt ihr Zauber nicht auf. Mit der linken Hand wischt er sich von Zeit zu Zeit über das Gesicht, die rechte trägt eine Aktentasche. Eine letzte Biegung noch, dann ist er am Ziel. Die Uhr vom nahen Kirchturm schlägt fünf.

»Schneller, schneller!«

Der kleine Tom liegt bäuchlings auf seinem Schlitten. Aus der

Kapuze des Anoraks schaut weißes Teddyfutter hervor. Die Fäustlinge erinnern in ihrem Umfang an die Handschuhe eines Boxers. Der Strickschal ist zweimal um seinen Hals geschlungen und fest verknotet. Seine Mütze hat er tief in die Stirn und über die Ohren gezogen. Langsam rutscht er auf dem Schlitten ein kleines Stück nach vorn. Beim letzten Mal landete er mit dem Gesicht im Schnee. Das Gefährt verhielt sich wie eine Ente, die bei der Nahrungssuche den Schnabel tief in das Wasser eintauchte, wobei sich das Hinterteil in die Höhe reckte. Damals war er total überrascht, so dass er heute vorsichtiger agiert. Toms Kopf ist leicht erhoben, damit die freien Enden des Schals keinen Bodenkontakt erhalten. Nichts soll sein Vergnügen schmälern. Gleichzeitig winkelt er die Knie an und hält die Unterschenkel Richtung Po. Für den Schlitten ist er zu groß. Deshalb macht er sich kleiner, um mit den Füßen nicht zu bremsen. Wie im Sommer die Paddel im Wasser, drücken sich seine Hände in den festgetretenen Schnee. Links, rechts, links, rechts. Vor Aufregung röten sich seine Wangen. Die Augen blitzen, doch das sieht er nicht.

»Schneller, schneller!«

Sein Zugpferd tut ihm keuchend den Gefallen. Die Schnur in der Hand des Mannes ist straff gespannt. Seine Schritte sind weit ausholend. Im Schnee hinterlassen die Schuhsohlen ein Muster, das Tom an die mit Puderzucker bestreuten Waffeln vom Weihnachtsmarkt erinnert. Manchmal kommt sein Zugpferd leicht ins Rutschen, und der Rodel tut einen Ruck. Doch gleich fängt es sich wieder. Danach gleitet der Schlitten auf unsichtbaren Schienen dahin. Tom hebt den Kopf höher und betrachtet die Gestalt seines Vaters. Der Anorak spannt ein wenig an den breiten Schultern. Der Körper liegt in Schräglage, um das Gewicht des Schlittens auszutarieren. Manchmal erscheint es Tom, als ob ihm der Schal über die rechte oder die linke Schulter zuwinke. Jetzt dreht sein Vater den Kopf zu ihm. Ihre Augen treffen sich. Sein breites Lächeln zaubert zwei Grübchen in seine Wangen. Dabei rutscht wie gewöhnlich die linke Augenbraue höher als die rechte. Für einen Augenblick schließt Tom die Augen und atmet tief ein.

»Geht es dir gut, mein Sohn? Alles klar? Du bist ganz schön groß für den Schlitten. Magst du lieber absteigen?«

»Nein!«

Für nichts in der Welt möchte Tom diesen Spaziergang mit seinem Vater missen. Ganz egal, wie stark er sich anstrengen muss, um die Unterschenkel weiterhin möglichst nahe Richtung Po zu halten.

Die dunklen Tannen vom nahen Bellinzonaplatz drängen sich mit hängenden Armen dicht aneinander, als wollten sie sich gegenseitig stützen. Mit Mühe tragen sie ihre Schneelast. Tom weiß, gleich wird sein Vater mit ihm auf dem Schlitten umdrehen. Auf der geschlossenen Schneedecke blitzt es da und dort silbern auf. Schneezauber - Zauberschnee. Die Schneefee in

ihrem weißen Prachtkleid hat an einigen Stellen der Schnee-
landschaft silberne Sternchen fallen lassen. Nur Kinder sehen
sie oder Erwachsene, die in ihrem Herzen Kind geblieben sind.
Schneeflocken kitzeln Tom an der Nase. Sie schmelzen sofort
auf der warmen Haut. Mit seiner Zunge versucht Tom, einige
Flocken zu fangen. Wenn sie auf der Zunge tauen, erinnert ihn
das Kribbeln ein bisschen an Brausepulver.

›Sechs Stufen, drei, eine … geschafft! ‹ Einem ›Sesam-Öffne-
Dich‹ gleich, macht sich die Tür auf. Im Türrahmen steht seine
Mutter. Tom bückt sich, um unter ihrem linken Arm in den Flur
zu spähen. Sollte der Weihnachtsmann wie letztes Jahr gekommen sein, während er mit seinem Vater im Park war? Er
läuft hinein.

»Tommmm!«

Die mahnende Stimme seiner Mutter lässt ihn abrupt stoppen.
Ach, die nassen Schuhe und das alles! Schnell setzt er sich auf
die Bank im Flur und zieht sich um. Sein Vater nickt ihm auf-
munternd zu.

»Alles muss seine Ordnung haben, Tom!«

›Die Erwachsenen . . . ‹

Auf dem Weg vom Flur zum Wohnzimmer liegen auf dem
Teppichboden verstreut Tannenzweige und Lametta.

»Der Weihnachtsmann war wirklich da!«

Tom hält nichts mehr. Er stürmt ins Wohnzimmer. Vor dem
Tisch vollführt er eine Vollbremsung. Dieser ist festlich ge-

deckt. Am Tannenbaum brennen die Kerzen. Das fällt ihm nicht auf, denn er ist abgelenkt. Sein Blick fällt unter den Baum auf das große Paket mit dem roten Papier und der dicken Schleife. Ist das sein Piratenschiff oder vielleicht das kleinere daneben? Er überlegt, welches Paket er zuerst öffnet. Wenn er als erstes das große wählt, ist die Spannung auf das zweite dahin. Vielleicht sollte er doch lieber die Schere aus der Küche holen, damit er das Papier nicht zerreißt? Seine Eltern machen ihn oft darauf aufmerksam, dass man Geschenkpapier mehrfach verwenden kann. Außerdem hätte er auf die Weise für seine Entscheidung länger Zeit.

Plötzlich schreckt ihn die Stimme seiner Mutter aus den Gedanken: »Erst wird gegessen.«

»Och!«

Er blickt auf den Kartoffelsalat mit dem Wiener auf dem Teller. Essen? Jetzt? Das Wienerle schiebt er auf seinem Teller durch den Senf, so dass eine Straße entsteht. Aus der Vergangenheit weiß er, wenn er nicht wenigstens eine Kleinigkeit isst, gibt es zum jetzigen Zeitpunkt keine Bescherung. Dann muss er eine gefühlte Ewigkeit auf die Geschenke warten. Er beißt ein Stück vom Würstchen ab und schiebt sich mit der Gabel eine Portion Kartoffelsalat in den Mund. Seine Eltern lächeln ihm zu.

»Braver Bub!«

»Ihr wart gerade weg, da klingelte es an der Tür und der

Weihnachtsmann stand mit den Geschenken draußen. Ich habe nach Euch geschaut, aber ihr wart nicht mehr zu sehen«, sagt seine Mutter.

Vom Himmel fallen dicke Flocken. Die Straßen sind von Watte bedeckt. Im Park haben sich die Grashalme unter die Schnee-decke gekuschelt und warten auf den wärmenden Frühling. Licht fällt aus den Fenstern der Häuser auf die Straße. Wie ein Schattenspiel wirken die Bewegungen der Menschen hinter den hell erleuchteten Fenstern. Dramen oder Komödien? Was mag sich hinter den Fassaden abspielen? Die Frage taucht kurz in seinem Kopf auf, um dann sofort wieder zu verschwinden.

Er hat es eilig und hastet die Straße entlang. Die Schuhe hin-terlassen tiefe Abdrücke im Schnee, die an der Stelle von einem unschuldigen Weiß in ein schmutziges Grau-Braun übergehen. Den Hut tief in die Stirn gezogen, den Körper schräg nach vorn geneigt, um den dicht an dicht fallenden Flocken zu entkom-men. Vorwitzige Schneekristalle setzen sich auf seinem Hut fest, andere fallen direkt auf sein Gesicht. Ihre kristalline Schönheit hinterlässt einen nassen Fleck. Ihm fällt ihr Zauber nicht auf. Mit der linken Hand wischt er sich von Zeit zu Zeit über das Gesicht, die rechte trägt eine Aktentasche. Eine letzte Biegung noch, dann ist er am Ziel. Die Uhr vom nahen Kirchturm schlägt fünf.

Tom schließt die Tür auf. Die Aktentasche stellt er an die

Wand.

»Endlich Papa. Da bist du ja!«

Lukas stürmt auf ihn zu und lässt sich von ihm im Kreis herumwirbeln. Der Schnee aus Toms Kleidung fällt auf die weißen Fliesen im Flur. Er schmilzt sofort und hinterlässt nasse Flecken.

»Hey, immer mit der Ruhe mein Sohn. Lass` mich erst einmal meine Sachen ausziehen.«

Lukas hüpft von einem Bein auf das andere. Geschickt federt er dabei sein Gewicht ab. Sein Gesicht ist leicht gerötet. Schweißtropfen stehen auf seiner Stirn. In seiner Skihose, dem Anorak, dem Schal, der Mütze und mit den dicken Handschuhen hat er bereits lange auf seinen Vater gewartet. Er will los; mit seinem Vater und dem Schlitten.

»Wo warst du so lange? Ich warte schon seit Stunden.«

»Nein, mein Sohn, das kann nicht sein. Ich bin heute sogar eher nach Hause gekommen.«

»Der kleine Zeiger der Uhr in meinem Zimmer ist von der Ente zum Schwan gewandert und der große Zeiger hat sich von der Eule einmal herum wieder zur Eule bewegt.«

»Ich weiß, Lukas. Warten ist schrecklich in deinem Alter. Das ging mir genauso. Minuten werden zu Stunden und Stunden zu Tagen. Nun bin ich da und es kann losgehen!«

Während sein Vater die Skihose und den Anorak anzieht, sich den Schal mit einem Knoten um den Hals windet, die Arbeitsschuhe gegen die Winterschuhe tauscht und schließlich zu Mütze und Handschuhen greift, hüpft Lukas auf einem Bein im Kreis um seinen Vater herum.

Tom sieht die Schweißperlen seines Sohnes auf der Stirn.

»Hast du während des Wartens die ganze Zeit deine Skikleidung angehabt?«

Lukas nickt.

»Er war nicht davon abzubringen«, mischt sich seine Mutter ein.

»Sicherlich hast du Durst. Komm`, trink` etwas!«

Er reicht ihm ein Glas Wasser. Endlich öffnet sein Vater die Haustür. Aus den Augenwinkeln sieht Lukas seine Mutter lächelnd mit ineinander verschränkten Armen am Türrahmen des Wohnzimmers lehnen.

»Viel Spaß euch beiden!«

Draußen herrscht dichtes Schneetreiben. Im Licht der Straßenlaternen erinnern die Schneeflocken an Motten. Tom greift nach dem an der Hauswand lehnenden Schlitten. In der rechten Hand hält er den Griff der Leine. Lukas legt sich bäuchlings ziemlich weit vorne auf den Schlitten, den Kopf leicht erhoben und die Knie angewinkelt, so dass die Unterschenkel zum Po hinzeigen.

☆ Russisch Roulette zu Weihnachten

Weihnachten! Ich konnte das Wort nicht mehr hören, denn ich assoziierte es ständig mit Geschenken. Die gedankliche Verbindung war schuld daran, dass ich von einem Moment auf den anderen schlechte Laune bekam. Natürlich liebte ich es, an Heiligabend selbst Geschenke zu bekommen. Gleichzeitig bedeutete es jedoch, dass ich meine Eltern, meine Schwester und meine Oma beschenken musste. Von Jahr zu Jahr gestaltete sich die Suche nach einem Geschenk schwieriger. Als ich klein war, da war es einfach. Die Eltern und die Oma freuten sich über ein selbstgemaltes Bild. Meine Schwester erhielt einen Schokoladenweihnachtsmann aus meinem Adventskalender. Alle waren glücklich. Wenn man allerdings 15 Jahre alt ist, sind die Zeiten definitiv vorbei. Aus heutiger Sicht frage ich mich, wieso sich damals alle über ein Bild von mir gefreut haben. Der Grund kann nur ihrer Liebe zu mir entsprungen sein. Aus mir wird kein Maler werden. Das war bereits in der Vergangenheit zu erkennen. Mein zeichnerisches Talent ist so gut wie nicht ausgeprägt. Ich erinnere mich, Oma ein gemaltes Bild von einem Sack mit einer Weihnachtskugel oben drauf geschenkt zu haben. Ein echter Original-Philipp!

Ich meinte dazu: »Ein super Bild von einem Weihnachtsmann, nicht wahr?«

Oma schaute mich verwirrt an und sagte: »Wo ist der Weihnachtsmann?«

«Der ist im Sack drinnen«, erläuterte ich ihr. Ich war stolz, denn ich hatte gehört, dass große Künstler oftmals ihre Bilder erklären müssen. Weil ich keinen Weihnachtsmann zeichnen konnte, hatte ich beschlossen, ihn im Sack verschwinden zu lassen.

Daraufhin erwiderte Oma: »Danke. Da wäre ich ohne deine Erklärung nicht darauf gekommen.« Das Motiv hatte ich übrigens drei Mal gemalt, für meine Eltern gleich mit. Danach sollte sich mein Genius nicht mehr zeigen. Gerade bin ich auf dem Weg ins Kino, um meine Kumpel zu treffen. Die werde ich zum Thema Weihnachtsgeschenk befragen. Das größte Kopfzerbrechen bereitet mir das Weihnachtsgeschenk für meinen Vater. Als ich im Kino ankomme, merke ich, dass ich der Letzte bin, obwohl bis zum Vorstellungsbeginn noch genügend Zeit ist. Die anderen sitzen im Vorraum an Tischen und haben sich mit Getränken und Popcorn versorgt.

»Zu lange an den Hausaufgaben gesessen?«, stichelte Sebastian. Die anderen grienten.

»Sehr witzig! Zu lange überlegt!«

»Oh, wir wussten gar nicht, dass du überlegen kannst! Ist uns im Unterricht nicht aufgefallen.« Paul fiel vor Lachen beinahe der Eimer mit dem Popcorn vom Schoß. Ich mochte es überhaupt nicht, wenn die anderen auf meine Kosten lachten.

»Worüber hast du dir denn lange Gedanken gemacht?«, nahm

Maximilian meine Aussage auf.

»Darüber, was ich meinem Vater zu Weihnachten schenken kann.«

»Nichts einfacher als das«, meldete sich Kilian zu Wort. »Du schenkst deinem Vater ein paar Schachteln Zigaretten und fertig.«

»Bist du verrückt? Ich würde meinem Vater nie dabei helfen, sich umzubringen! Nein, das fällt definitiv aus. Außerdem habe ich Glück, denn er raucht nicht.«

»Und was schenkt ihr?« Ich blickte in ratlose Gesichter.

»Darüber habe ich mir bislang keine Gedanken gemacht«, meinte Sebastian.

»Wann fängst du damit an? In einer Woche ist Heiligabend! Irgendwelche Ideen?«

Alle schüttelten den Kopf.

»Ich hätte eine Idee, was wir tun könnten.«

»Welche? Spuck`s aus!«

»Wie wäre es, wenn jeder von uns ein Geschenk kauft? Dann tun wir alle Geschenke in einen Pool. Jedes erhält eine Losnummer und jeder von uns zieht ein Los. Das Geschenk wird vorher in Weihnachtspapier verpackt, mit Schleife und so. Merkt euch, wie eure Verpackung aussieht. Ach, Paul! Und bitte nicht so ein Jux-Geschenk, von dem du mir letztes Jahr für deinen Vater erzählt hast! Mein Vater besitzt nicht so viel Humor wie deiner. Da hätte er mir bestimmt das erste Mal in meinem Leben eine gelangt. Alle Köpfe wandten sich Paul zu. Der hob den Kopf, schaute sie an und blieb stumm. Sollte jemand von uns das selbst verpackte Geschenk ziehen, geht das natürlich nicht. Das würden wir dann austauschen. Das Verteilen der Geschenke kommt mir vor wie das Spielen von Russisch Roulette. Man weiß nie, wo sich die Kugel im Lauf befindet, beziehungsweise, welches Geschenk man bekommt.«

»Dein Einfall ist genial! Auf die Weise hat mein Vater die Chance, nicht das obligatorische Paar Socken zu erhalten«, verkündete Sebastian mit einem Grinsen.

»Ja, die Idee ist wirklich gut!« Vor lauter Lachen war Kilian kaum zu verstehen.

»Okay, wenn ihr alle einverstanden seid, machen wir es so. Dann treffen wir uns am Freitag nach der Schule bei mir und tauschen die Geschenke aus. Jetzt freue ich mich richtig auf den Film und werde ihn genießen.« Ich griff in Pauls Eimer mit dem Popcorn.

»Packen Sie das Grillthermometer bitte als Geschenk ein. Mit Schleife und so. Sie wissen schon.«

Mit dem Geschenk hätte ich meinem Vater zwar keine Freude machen können. Ich hoffte, dass einer der anderen Väter ein begeisterter Grillmeister war. Die Verkäuferin lächelte, während ich das Geld abzählte. Bei dem Treffen am Freitag hatte tatsächlich jeder ein verpacktes Geschenk dabei. Sogar Maximilian hatte daran gedacht, der sonst manchmal Dinge vergaß.

Alle schienen aufgeregt zu sein. Für mein Los erhielt ich ein recht kleines Geschenk.

»Viel Spaß deinem Vater damit«, rief Maximilian mir zu.

Sein Lachen entblößte die Zähne. Was da wohl drin war? Ich hatte aufgrund von Maximilians Verhalten ein komisches Gefühl. Natürlich hätte ich ihn nach dem Inhalt fragen können. Das allerdings war unter meiner Würde. Dafür hatte mein Grillthermometer Pauls Vater bekommen. Soweit ich mich erinnerte, war das okay. Wir waren dort im Sommer öfter zum Grillen eingeladen gewesen.

Vorsichtig wickelte Mom am Heiligen Abend das Papier von ihrem Geschenk. Sie faltete es zusammen und rollte die Schleife auf. »Wow, da freue ich mich aber!« Dann roch sie am Flakon. Für das Parfüm hatte ich mit meiner Schwester Mellie zusammengelegt. Großmutter war am Lesen. Sie erhielt von uns ein Jahresabonnement von einem ihrer geliebten Boulevardblätter. Mellie stand vor unserem Vater und überreichte ihm ihren selbstgestrickten Schal. Paps machte ihn sofort um. Da er saß, reichte der Schal von der Couch bis weit auf den Boden. Daher wickelte er ihn sich mehrmals um den Hals.

»Ich danke dir, Mellie!«, rief er.

Ich schaute auf den Schal und fragte mich, wie Paps einen Schal in den Farben lila, grün und blau gebrauchen konnte. Als Rechtsanwalt trug er ausschließlich graue oder schwarze Anzüge. Zudem wusste ich nicht, ob meine Schwester auch Lochmuster gestrickt hatte oder ob ihr die Maschen von der Nadel gerutscht waren. Sofort beschloss ich, ein Verbot zum Schenken von Schals an Väter zu erlassen, sollte ich einmal eine Tochter haben!

»Und mein Sohn, hast du etwas für deinen Vater?«

Verschämt hielt ich das Geschenk hinter meinem Rücken verborgen, als ich auf ihn zuging. Das Herz klopfte mir bis zum Hals. Was hätte ich in dem Augenblick für das Wissen um den Inhalt gegeben!

»Du machst es richtig spannend!«

Bei der Übergabe richtete ich es so ein, dass ich ihm beim Öffnen unauffällig über die Schulter schauen konnte. Er riss das Weihnachtspapier auf und öffnete das Kästchen.

»Endlich einmal kein langweiliges Paar Socken!«

Er schlug sich mit den Händen auf beide Oberschenkel. Sein Lachen dröhnte durch den Raum.

✪ Ein Schutzengel mit Burnout

Stell` dir vor, dein Schutzengel hätte Burnout. Absurd, oder?
Und doch ist es mir passiert!

Ich war ein liebes Kind - finde ich. Anstrengend - sagen meine
Eltern. Unmöglich - sagen meine Geschwister. Zum Himmel
schreiend - sagt mein Schutzengel. Das sollte ich jedoch erst
später erfahren.

Als Baby war ich ziemlich aktiv. Mich vom Rücken auf den
Bauch zu drehen, schaffte ich früher als andere Kinder. Normalerweise freuten sich Mütter darüber. Meine war fassungslos,
wie sie mir später erzählte, als ich plötzlich beim Wickeln vor
ihr auf der Erde lag. Es war mein Fehler: Ich hatte vergessen,
anzudeuten, dass ich ab sofort über die neue Fähigkeit verfügte.
Entgegen ihrer sonstigen Gewohnheit hatte meine Mutter die
alte Kleidung auf die Erde geworfen, weil sie danach waschen
wollte. So plumpste ich in den Wäscheberg. Später entwickelte
ich bei meiner Großmutter eine Vorliebe für den alten Ofen in
ihrer Wohnstube. Von ihm ging besonders in den kalten Win-
tertagen eine wohlige Wärme aus. Zudem glänzte der schwarze
Griff an einer Stelle silbern, was mich faszinierte. Mit den Fingern berührte ich das Silber und zog augenblicklich die Hand
zurück. Trotz des Schmerzes konnte ich dem silbrigen Glanz
viele Male nicht widerstehen. Auf die Art brannte sich bei mir

die Erfahrung, heiße Dinge besser nicht mit den Fingern zu berühren, im wahrsten Sinn des Wortes in der Hand ein und erst später im Gehirn. Es ist eine Laune der Natur, dass die leckersten Kirschen ganz oben im Baum hängen. Schon früh hatte ich mir von den Erwachsenen abgeschaut, wie sie eine Leiter an den Baum stellten. Kirschen waren mein absolutes Lieblingsobst. Nichts konnte mit ihm konkurrieren. Vor allem, weil die Zeit der Kirschernte nach meinem Gefühl zu kurz war. Von dem mit den saftigen, roten Früchten gefüllten Korb ließen die Erwachsenen mich erst naschen, wenn sie vom Baum heruntergestiegen waren. Abhängigkeiten hasste ich! Oft stieg ich daher allein auf die Leiter. Leider kam ich aufgrund meiner Köpergröße nicht nah genug an die Versuchung heran. Es blieb mir nichts anderes übrig, als in die Äste zu steigen. Manchmal stieg ich sogar von Anfang an auf den Ästen im Baum hoch. Im grünen Blätterdach fühlte ich mich wie ein Schimpanse. Dass ich keiner war, wurde mir klar, wenn mich die Äste wie reife Kirschen vom Baum schüttelten. Zum Glück passierte nichts Gravierendes: Mein Kopf hielt Einiges aus. Die Beule beeinträchtigte zwar den optischen Eindruck Dritter gegenüber, die Lust aufs Naschen blieb. Nicht einmal ein gebrochener Arm war in der Lage, mich von den Bäumen fernzuhalten. Wozu hatte ich zwei Arme?

Petrus entspannte sich beim Fernsehen auf seiner Lieblingswolke. Er räkelte sich im Wolkensessel und streckte seine Füße in den gefütterten Hausschuhen. Neben ihm lag eine Schachtel Pralinen - zur Hälfte gefüllt. Plötzlich klopfte es an der Himmelstür.

»Mhm, herein!« Dabei blickte er nicht auf, sondern schaute weiterhin gebannt auf den Bildschirm des Fernsehers.

»Ähem!« Hilarius räusperte sich.

» Hilarius, warum störst du mich? Du weißt genau, dass ich um die Zeit täglich die Serie sehe. Was gibt es Dringendes?«

Jetzt wandte er den Kopf.

»Herrschaftszeiten, wie schaust du denn aus? Was ist mit deinem Flügel passiert?«

Hilarius` linker Flügel war außen an der Rundung abgeknickt.

»Ich hatte einen Unfall! Wie du weißt, bin ich Lillys Schutz-engel.«

»Ja. Und der von ein paar anderen Menschen.«

»Eben! Aber Lilly ist es, die mich zur Verzweiflung treibt. Sie ist ein Wildfang und hat vor nichts Angst. Ständig muss ich ihr hinterher fliegen, um sie vor Schlimmerem zu bewahren. Jetzt ist sie zum wiederholten Mal auf einen Baum gestiegen und erwischte einen Ast, der für ihr Gewicht zu dünn war. Damit sie sich nicht verletzte, flog ich sofort zu ihr. Leider übersah ich auf dem Weg selber einen Ast. Er erwischte meinen linken Flügel. Trotzdem kam ich gerade noch rechtzeitig. Petrus, kannst du mir nicht ein anderes Kind zuweisen? Eines, das weniger anstrengend ist? Ich werde schließlich nicht jünger.«

»Das würde ich gern. Du weißt jedoch selbst, dass das nicht möglich ist. Jedem Kind wird bei der Geburt sein persönlicher Schutzengel zugeteilt. Lilly hat dich bekommen und wird dich bis an ihr Lebensende behalten.«

»Sie macht mich fertig!«

»Na, ganz so schlimm wird es nicht sein. Lilly ist ein fröhliches Kind, ständig gut gelaunt und hat viele Freunde. Ich weiß, dass du solche Kinder liebst. Sie wird lernen und ruhiger werden. Möglicherweise braucht sie dazu länger als andere Kinder.«

Mit der Hand läutete Petrus eine Glocke. Nach einem kurzen Klopfen öffnete sich die Tür.

Eine Frau erschien und blieb im Türrahmen stehen. Sie füllte den Rahmen nahezu komplett aus und stemmte die Hände in die Hüften. Die weiße Halbschürze spannte über dem Bauch. Aus der kurzärmligen Bluse schauten zwei muskulöse Arme hervor. Die fast weißen Haare waren zu einem Zopf geflochten und hochgesteckt. Ihr Mund verzog sich zu einem Lächeln, wobei die Augen kugelrund wurden.

»Ja, Petrus? Du hast mich gerufen?«

»Schön, dass du gleich gekommen bist, Appolonia. Hilarius hat sich bei der Arbeit verletzt. Schau dir seinen Flügel an. Ich bin sicher, du kriegt das wieder hin.«

Appolonia machte ein paar Schritte auf Hilarius zu und fasste an seinen linken Flügel.

»Aua! Du tust mir weh!«

»Ach, was! Stell` dich nicht so an! Ich will nur wissen, ob dein Flügel gebrochen ist. Ist er nicht! Du hast ihn dir ordentlich verstaucht. Da tun wir meine Spezialsalbe drauf und dann fliegst du wieder wie ein Vogel!«

Hilarius ließ die rechte Schulter mit dem gesunden Flügel fallen, senkte den Kopf und trottete neben Appolonia her. Von der Spezialsalbe hatte er gehört. Sie sollte höllisch brennen.

20 Jahre später war aus dem Wildfang Lilly eine erwachsene Frau geworden. Und was soll ich sagen? Immer noch lieb - finde ich. Anstrengend - sagt mein Mann. Unmöglich - sagen meine Freundinnen. Na, und den Schutzengel lassen wir an der Stelle weg.

Das Meeting mit mir als Speakerin begann bald. Da der Flieger aufgrund des Schneefalls Verspätung hatte, war ich spät dran. Es war nicht mehr weit. Mein Ziel lag auf der anderen Straßenseite. In dem mehrstöckigen Gebäude mit der Glasfassade spiegelte sich die Sonne. Der Schneefall hatte nachgelassen. Nur vereinzelte Flocken fielen vom Himmel. Mit den Sonnenstrahlen und der Schneeschicht auf der Straße fühlte ich eine besondere Atmosphäre. Das Gebäude mit dem Portier draußen vor dem Eingangsbereich schien zum Greifen nah, als mein Smartphone klingelte. Die wollten bestimmt wissen, wo ich blieb. Ich konnte es mir nicht leisten, nicht dranzugehen. Außerdem war ich unter uns gesagt viel zu neugierig, um den Anruf wegzudrücken. Mein Wunsch zu erfahren, wer am anderen Ende der Leitung war, hatte zu manchem Streit mit Sebastian, meinem Mann, geführt. Er war der Meinung, wenn ich mit ihm privat beim Essen war, hatte das Smartphone ausgeschaltet zu sein. Ich fragte mich insgeheim, wie er das schaffte. ›Offline‹ zu sein, bedeutete für mich eine Strafe. Ich drückte auf ›Anruf annehmen‹.

Von einem lauten Jammern erwachte ich.

»Oi, joi, joi, mein Kopf und meine Flügel! Verdammt, tut das weh!«

Erstaunt blickte ich mich um. Ich lag in einem Bett mit weißer Bettwäsche. Vorsichtig liftete ich die Bettdecke unter dem Kinn. Darunter kam ein weißes Nachthemd mit komischem blauem Muster zum Vorschein. Sofort war ich mir sicher: Irgendetwas stimmte nicht! Das würde ich niemals kaufen! Sexy ging anders! Noch immer hörte ich das Jammern. Es kam aus der Richtung über mir. Verwundert blickte ich hoch, direkt in ein mit Tränen gefülltes Augenpaar. Die Gestalt rieb sich die Stirn, an der eine gewaltige Beule prangte. Wie kann sich jemand über mir befinden, obwohl ich dessen Gewicht nicht spürte?

»Es tut so weh!« hörte ich abermals.

Verblüfft schauten wir einander an.

»Wer bist du?,« fand ich endlich meine Sprache wieder.

»Hilarius!«, kam es zurück.

»Hilarius Wer? Ich kenne keinen Hilarius!«

»Hilarius, dein Schutzengel!«

»Mein Schutzengel!« Ich wollte auflachen, brach jedoch ab, weil sich in mir ein Schmerz ausbreitete, der mir den Atem nahm.

»Ich bin dein Schutzengel. Normalerweise sind wir für euch Menschen unsichtbar. Nur in ganz seltenen Fällen bekommt ihr uns zu Gesicht. Erinnerst du dich, als du vom Wickeltisch gefallen bist? Ich ließ dich in die schmutzige Wäsche fallen. Ach, wahrscheinlich weißt du es nicht mehr. Damals warst du sehr klein.«

Ungläubig schüttelte ich den Kopf.

»Aber die vielen Male, die du vom Kirschbaum gefallen bist, hast du im Gedächtnis? Meistens bekamst du nur eine ordentliche Beule ab, bis auf einmal den gebrochenen Arm. Da bin ich zu spät gekommen! Mit der ständigen Fliegerei zu dir hast du mir ganz schön Stress gemacht. Schließlich bin ich nicht nur dein Schutzengel, sondern arbeite für mehrere Personen. Oft habe ich auf dem Rückflug von dir bereits den nächsten Notruf von unserer Einsatzzentrale erhalten, weil du schon wieder irgendeinen Blödsinn im Kopf hattest. Als du ständig an diesen glitzernden Ofengriff gefasst hast, bist du mir ganz schön auf den Geist gegangen. Das muss ich dir endlich sagen. Ich dachte, du kapierst das nie!«

»Ah, da sind wir ja wieder!«

Wieso wir? Ich konnte mich nicht erinnern, der schemenhaften Gestalt jemals begegnet zu sein. Angestrengt dachte ich nach. So gut ich konnte, fixierte ich die Gestalt. Langsam lichtete sich der Nebel. Am Bett stand ein Mann, der meine Hand hielt, flankiert von mehreren wichtig aussehenden Frauen.

»Sie haben bei dem Unfall riesiges Glück gehabt, Frau Neubauer. Da können Sie sich bei ihrem Schutzengel bedanken. Der hat ganze Arbeit geleistet. Wie ich hörte, haben Sie versucht, eine Rolle vorwärts über ein Auto zu machen. Ist Ihnen nicht ganz gelungen!«

Er wurde ernster und beugte sich zu mir hinunter:

»Wie können Sie so leichtsinnig sein und mitten auf der Straße mit Ihrem Smartphone telefonieren?«

Vage erinnerte ich mich, dass es geklingelt hatte. Und irgendetwas war in meinem Gedächtnis zum Begriff ›Schutzengel‹ gespeichert. Mühsam versuchte ich, die Bruchstücke zusammenzusetzen. Hatte ich mich vorhin mit meinem Schutzengel unterhalten oder hatte der Kopf dieses eine Mal mehr abbekommen, als ich dachte?

Schon von weitem sah Petrus, dass etwas passiert sein musste. Antonius und Bonifatius hatten Hilarius unter die Schultern gefasst und flogen zu ihm. Sie mussten höllisch aufpassen, ihren Kurs zu halten. Vor der Eingangstür herrschte ein Kommen und Gehen. Ein ihnen entgegenkommender Engel wäre beinahe in sie hineingeflogen. Unkontrolliert flog er von rechts nach links. ‹Luiah› hörten sie, gefolgt von einer Menge Schimpfwörtern. Kurz vor Petrus stellten sie Hilarius auf die Füße, ließen ihn jedoch untergehakt. Sie schüttelten ihre Flügel, um den Schnee zu entfernen. Danach klopften sie Hilarius den Schnee vorsichtig aus seinen Flügeln.

»Wie siehst du aus? Was ist passiert?«

Hilarius zuckte mit den Schultern.

Antonius antwortete für ihn:

»Er hatte vor kurzem einen Unfall. Seitdem ist er nicht mehr der Alte. Er schafft es nicht mehr, höher als 20 Zentimeter zu fliegen! Auf einer Strecke von nur 50 Metern muss er mehrfach notlanden! Seine Turboflügel schnallt er sich überhaupt nicht mehr um. Wie soll er da pünktlich zu seinen Einsätzen kommen? Er benimmt sich wie einer von diesen Engeln, die aufgrund ihrer irdischen Leistungen zum Engel befördert wurden. Was würde so einer für das Privileg mit dem Fliegen der Turboflügel geben? Wir hingegen sind Engel von Geburt!«

Bonifatius ergänzte:

»Zu seiner Arbeit hat er keine Lust mehr. Den ganzen Tag bleibt er im Bett liegen oder läuft im Schlafanzug herum. Rasieren tut er sich auch nicht.«

Petrus blickte auf Hilarius` beachtlichen Bart.

»Was sagst du dazu?«

»Ich will in mein Bett.«

»Ich habe davon gehört. Über dich sind bereits Beschwerden von Kollegen eingegangen. Sie müssen deine Arbeit mitmachen, damit deinen Schutzbefohlenen nichts passiert. So geht das nicht weiter! Du bist doch sonst gewissenhaft. Alle können sich auf dich verlassen.«

»Ich will heim! Ich brauche eine Auszeit!«

»Eine Auszeit! Wie stellst du dir das vor? Bereits jetzt fehlt uns Personal. Nicht umsonst ist jeder Schutzengel für mehrere Personen verantwortlich. Unter den jungen Engeln ist ›Schutzengel‹, wie du einer bist, kein beliebter Ausbildungsberuf mehr. Die zieht es in die Wirtschaft zu den großen Bossen. Die Wirtschaftsbosse werden in zahlreiche Länder eingeladen. Sie fliegen mit den neuesten Flugzeugen und genießen jeglichen Komfort. Die jungen Azubi-Engel ziehen einen derartigen Job natürlich vor. Da brauchen sie nicht mehr selbst zu fliegen. Die Arbeit ist stressfreier und dazu ungefährlicher.«

Hilarius ließ den Kopf auf die Brust sinken.

»Okay, ich sehe, dass es dir wirklich nicht gut geht. In dem Zustand können wir dich nicht gebrauchen. Deine Kollegen sind nicht in der Lage, ständig deine Arbeit mitzumachen. Du darfst für ein paar Wochen in eine Reha, um dich zu erholen. Antonius und Bonifatius, nehmt ihn mit und bringt ihn sofort dorthin. Appolonia wird euch die Adresse aufschreiben.«

Hilarius blickte von seinem Platz am Tisch auf das Buffet. Was dort alles auf ihn wartete! Ihm lief das Wasser im Mund zusammen. Gerade als er sich vom Stuhl erheben wollte, drückten ihn zwei Arme dorthin zurück.

»Sitzengeblieben! Der Doktor hat entschieden, dass du vorerst die kalorienreduzierte Variante erhältst. Dein Bauch soll schließlich kleiner werden und nicht noch mehr wachsen. Nach dem Essen geht´s ab zum Schneetreten auf die Wiese und danach hast du Yoga.«

Sie blickte auf seinen Bauch, der sich unter dem Hemd wölbte.

Hilarius blickte hoch.

»Appo...!«

FSC
www.fsc.org
MIX
Papier | Fördert
gute Waldnutzung
FSC® C083411

Zeitfracht Medien GmbH
Ferdinand-Jühlke-Straße 7
99095 Erfurt, Deutschland
produktsicherheit@kolibri360.de